21世紀の
システム工学

弓削太一

文芸社

本書の出版にあたって

(1) 本書出版の目的

　戦後、電気設備のユーザー側エンジニアとして、五十数年間の経験によって、自己の右脳に形成したネットワーク知識で、物事を直感的に判断できるようになった。従来から科学技術者の専門馬鹿を防ぐ理念で、電気設備部門の技術士受験指導を10余年してきたが、この10年前から、地球環境の破壊と世界の経済は、自由市場原理のマネーゲームで大混乱し、企業経営は目先の利潤追求へとグローバル化ている。このような状態での世界経済の発展では21世紀には、科学技術と自由経済の暴走・混乱で、地球人類の滅亡は必至であるので、その要因と問題点を明示して、その対応の創造的なシステム工学の普及が目的である。

(2) 右脳のネットワーク知識の確認

　とくに独学の社内技術士から独立して、組織からの制約を受けない、自営技術士としての経験で形成された、右脳のネットワーク知識に、誤りはないかの確認のため、大阪市営図書館で、最近の8冊の科学技術図書で調べた。これらの図書の"まえがき"と"目次の拾読み"から読み取った各著者の主張のポイントを要約すると、以下の通りである。

① 科学哲学入門　科学の方法・科学の目的
　　　　　　　　　　　　　　　　内井惣七　1995年5月　出版
　物理学の特徴づけは「現象」「法則」「観察」などで、物理学や他の科学理論はどのような構造をもち、どのようにして「正しい」ことが

示されるかという、問いの追究から科学哲学へと展開した。

② 科学技術の発展と人のこころ　　　中村孔治　1996年7月　出版
　本来、人の幸せに役立てるはずの科学技術が、極端に高度化・大規模化した現在、人類の滅亡につながる可能性をもつに至り、それに対して警鐘を打ちなしている良心的な人々も多くなった。理工系を目指すものばかりでなく、文系を志望する中学生・高校生にも、このようなことに関心をもってほしい。

③ 科学はどこまで行くのか　　　　　池田清彦　1995年3月　出版
　大学が創設されたのは12世紀末からで、神学・法学・医学などが主要な領域で、大学に科学系の学部が設置されたのは19世紀の終りからである。中世ヨーロッパにおける技術の伝承は、親方・徒弟制度のため、産業革命以後の技術革新に対処する術をもたなかった。

　ベンツ、デュポン、エジソン等々の発明家もまた、このような新設の科学技術教育機関の出身者ではなかった。しかし、現在は工学の大学院で学位を取り、研究職につけば自動的に、中程度の生活が保証された職業人になり、科学のミクロ的な増殖を自己コントロールができず、次世代への伝承が必要な基礎科学の空洞化が起きている。

④ 現代科学の終焉　　　　　　　　　北沢方邦　1998年5月　出版
　1960年代、人間科学の分野で、伝統的な方法論を「人間の活動を物質的であると、同時に意味の概念」で捉える知的革命があった。しかし、いまでもそれは信ずるか、信じないかという、神学論争のおもむきを呈している。

⑤ 自然科学ノート　近代および現代自然科学をめぐって
　　　　　　　　　　　　　　　　　鈴木賢英　1993年4月　出版
　自然科学を作り上げている知識は、ある決まった手続きにしたがっ

て集められて、全体的な連関を形成し、統一性を示す体系化されたもので、大まかな表現では「事実」と「因果律」に基づいて体系化されている。科学的な事実とは、いろいろな形式（文章、数式、図など）を駆使して、客観的な事実を認識することで、各個人が、それまでに形成してきた知識体系という概念枠組に依存している。

⑥ 地球環境セミナー　シリーズ　総監修
　　　　　　　　　　　坂田俊文　1993年1月　出版

「生物と地球環境」「地球環境自体」「地球環境の種々なデータ」に大別してある。人間活動自体が環境破壊で、経済成長の追従では工学は必然的に地球環境を破壊する方向に向かう。地球環境問題の解決には「何かを」の気概はうかがえるが、統一的観念で根本から考えるものは少ない。

⑦ 技術創造　電気技術国産化の歴史
　　　　　調査専門委員会　電気学会　1999年6月　出版

電力系統技術は、基本的に社会システムの一要素で、その国の電力事情や電力政策の、将来を左右するものであるとして、電力系統技術の新しい展開などで、斜陽化した電力技術の技術創造を強調しているが、需要家に最も関係の深く複雑な配電系統の問題は、電力系統技術に含まれておらず、電力系統技術の空洞化に気付かずに、技術創造を主張するのは、おこがましいことである。

⑧ 罪つくりな科学　人類再生にいま何が必要か
　　　　　　　　　　　武谷三男　1998年7月　出版

「科学が人類につきつけた最後通牒」核燃料サイクルのゆきづまり、ダイオキシンなど化学物質による汚染、地球温暖化、産業廃棄物をはじめとするゴミ処理問題、若い人の体に現れてきた異変、教育の危機、資本主義経済の破綻など、世界が直面している数々の危機についての

予言が的中しているとして、現代科学の恐るべき素顔を実証して、科学と人類の共存に必要な安全性の大原則を始め、次の世代の人々に遺す道筋の記述である。

(3) 科学図書の書評

電気エネルギーの供給・消費に関する電気工学は、電気学会、電気設備学会、資源エネルギー庁、大学、電力会社、電機メーカーなどで構成されているが、電気工学は純然たる物理学で、電気供給設備機材のハードウエア部分と、そのシステム構成や運用管理のソフトウエア部分には、人間の知識・経験・知能が大いに関係している。

その前提での上記の書評は、①～⑥は主張の体系化は別にして、それぞれの専門分野の大学教授らしく詳しく論述し、現在の問題点を指摘されているようで、ポイントの概念の理解ではあるが、⑦はもの造りの自己主張で、技術の空洞化を起こしており、⑧は核物理学の90歳代の学者らしい警告である。で、あって自分の既存知識に誤りのないことが確認できて大いに参考なった。

この本の出版の動機は、ユーザーの立場から電力会社に対する「配電系統における高調波挙動の解析法とその問題点の処理法」という提言を電気学会誌へ投稿してからである。

その論文の特異点は、電気エネルギー供給設備技術の電気工学が、世界的な空洞化を実証しているので、この本の出版の目的は、『地球人類の滅亡を防ぐための創造的なシステム工学』の広報普及であって、電気現象の問題を簡略して電気技術者以外の文科系の人々にも、科学技術の空洞化と自由経済の暴走・混乱を理解して貰うため、電気学会投稿論文要旨を付録として末尾に添付するので、電気工学の空洞化実態の参考にされたい。

平成12年7月　弓削太一

まえがき

(1) 表紙タイトルの説明

　表紙の〜地球環境無視の自由経済による地球人類の滅亡を防ぐ〜『21世紀のシステム工学』〜20世紀に繁栄した科学技術が未来を破滅させる〜科学技術の自己増殖の暴走を食い止める知恵が必要〜人類生存の最適化を図る21世紀のシステム工学〜は、本書出版動機の内容を端的に表現したものである。

　過去、『実務に強い電気設備技術のコンサルタントの通信教育へのお誘い』『高調波現象の正しい理解のために』などの通信教育から『電気供給設備のシステム技術』入門書の発行、今回の単行本の発行へと方針変更した理由は、今まで行政関係の失敗はタブーが多かったが、1995年（平成7年）の電気事業法の大改正で、従来の電気設備技術基準第4条の遵守規定が削除された「新技術基準」は、保安上必要な性能だけの規定になったので、「高調波現象の正しい理解のために」と、タブーの問題に挑戦したつもりであっが、電気学会でも、本当に高調波現象が理解されておらず、電気工学の空洞化であることがわかった。

　その電気工学や科学技術の、部分的空洞化の是正などでは、地球環境破壊よる人類の破滅防止には時間的余裕がないので、電気設備工学構築のシステム技術を、創造的に発展させた、システム工学の理念の普及ために、文芸社の新しい出版方式で、本書の広報効果を期待して、人類の滅亡阻止とその根拠の広報に挑戦を試みるものである。

(2) 政治経済情報の入手法

　過去十数年、自営技術士として、電気設備部門の技術士受験指導において、技術者の専門馬鹿を防ぐ目的で、電気設備工学構築の技術資

料に併せて、政治経済の情報資料の収集が必要であった。最近はテレビ・ビデオ・ワープロなどの発達で、情報の収集・記録・編集が非常に便利になっている。

その情報源は、コマーシャルのない、比較的公正なNHKの公共放送・年鑑類・新聞の解説記事が頼りで、最近のNHKテレビ番組では、年間シリーズの『映像の20世紀』『戦後50年その時日本は』『21世紀の奔流』『生命・40億年はるか』『世紀を越えて』などと、常用番組のクローズアップ現代、ETV特集、NHKスペシャル、サイエンスアイなどのような、番組の中から参考になる放送をビデオに収録しておき、とくに重要な内容のビデオは、12枚の画像と半頁の要約（約800字）で、ポイントを1ページに編集して、自身の記憶整理と技術士受験指導資料として保存しており、経験で培われる右脳のネットワーク知識として、本書論説の基になっている。

ビデオの要約編集は、キーポイントを把握するのに、老齢化すると苦労するが、30分～1時間の放送番組を1回見ただけでは、要点が十分に掴めず簡単に忘れて記憶に残らないが、ビデオの要約は後に画像を見るだけで、内容のポイントがイメージできる。

初めて画像抜きのビデオ要約を読む人には、極めて理解し難いと思われるが、本書の情報源の実態の証拠資料の簡潔な記事として、各章に関係ある内容の画像抜きのビデオ要約記事を添付した。その記事の中で、とくに筆者の補足部分には※印で区別している。

(3) 本書の要旨

人類の発達の歴史は、数千年前から文明・文化として、伝統的に発達しながら伝承されているが、純然たる物理現象の電気の利用は、約150年前からのことで、電気をエネルギーとして活用したのは、20世紀になってからである。この近代的な電気工学は、電気の発生から利用する負荷設備まで関連したシステムであるが、電気の危険性から1911年（明治44年）に電気事業法が制定され、公益事業として通産省

の遵法精神が基本の直接・間接の指導・監督により、電気主任技術者までも技能化して、発生から利用までのシステム技術としては阻害されて空洞化している。

しかし、その性質の部分的な利用はビジネス技術として急速に発達して、地球エコロジーの限界を超越して環境破壊となり、この状態では人類の破滅も懸念されるが、電気部門以外の分野のビジネス技術は、システム技術との関連性が薄く、人類の破滅を心配しているのは関連の一部の科学者だけのようである。

しかし、これらに関しては1950年頃よりシステム工学が研究され、最近では数学者の発想から飛躍して、複雑なシステム全体の挙動を正面から対応する複雑系の研究へと発展した。その対象は理工系だけでなく社会システムにまで広範なものとなっている。

これについて、科学技術が混乱しているビジネス技術を、電気工学のシステム技術の手法を発展させたシステム工学へと発想を転換し、人類破滅の根源である自由経済システムには利益追求を目的としない、ＮＧＯが最近急速に発展しつつあるので、社会システムの欠陥を補うためにボランティア活動の人々に、21世紀の社会システムの最適化を図るそのシステム工学の理念を普及し、現在のグローバル化した自由経済システムを駆逐するため、21世紀の人類危機の克服法を各方面にわたり、その発想のポイント理念を示して世界改革の啓蒙の必要性を提言している。

目　　次

本書の出版にあたって ……………………………………… 3
 (1) 本書出版の目的　　(2) 右脳のネットワーク知識の確認
 (3) 科学図書の書評

まえがき ……………………………………………………… 7
 (1) 表紙タイトルの説明　(2) 政治経済情報の入手法　(3) 本書の要旨

第1章　エコロジーと地球環境問題 ………………………… 19
 1-1 自然の限界を超越　　1-2 人類と地球環境の保存
 1-3 生態学の主張と経済システム　　1-4 経済理論と我が国の実態
 1-5 多数決主義と科学技術　1-6 科学の発展が環境破壊の根源
 1-7 自由経済思想の駆逐

第1章のビデオ要約記事 ………………………………………25
 1. エネルギー戦争　～反温暖化の仕掛人を追う～
   ＮＨＫ海外ドキュメント・デンマーク放送協会　1997年制作
 2. アジア異常気象　～停滞した梅雨前線の謎～
   ＮＨＫ・クローズアップ現代　1998年10月　放映
 3. 神戸直下型地震による破壊の問題点
   ＮＨＫスペシャル　　シリーズ　1995年7月23日
 4. 検証・トルコ大地震　～死者1万5千人の震災はどうして～
   ＮＨＫスペシャル　地震発生3週後報告　1999年9月1日
 5. 検証・台湾大地震　～台湾地震の特殊性～
   ＮＨＫ・サイエンスアイ　1999年10月
 6. 地球温暖化のしくみ　3回シリーズ
   ＮＨＫ・サイエンスアイ　1997年12月

7. 日本列島・平均気温2度上昇！　～地球温暖化影響報告書～
   　　　NHK・クローズアップ現代　1997年6月
8. 生殖異変　～しのびよる環境ホルモン汚染～
   　　　NHKスペシャル　1997年12月
9. ドイツ・環境産業革命　3回シリーズ
   　　　NHK・TV特集　1996年7月
10. 環境規格の衝撃
    　　　NHK・なるほど経済　1996年11月
11. 「世紀を越えて」・『食料』を読む
    　　　NHK・ETV特集　1999年2月5日　放映
12. 「世紀を越えて」・『環境』を読む
    　　　NHK・ETV特集　1999年3月9日　放映
13. 「世紀を越えて」・『どうする日本のリサイクル』を読む
    　　　NHK・ETV特集　1999年4月　放映

第2章　人間の知能と脳の働き　……………………… 45
2-1 最新の人間の身体解析　2-2 人間の頭脳の特徴
2-3 右脳と左脳とはどう違う　2-4 人の性質の違いを活用
2-5 経験からのコメント　2-6 人間に期待する頭脳

第3章　20世紀の科学技術　……………………… 51
3-1 科学技術の理念用語の解釈　3-2 科学技術の起源
3-3 三相交流電動機の出現　3-4 コンピュータ技術の弊害
3-5 21世紀の科学技術

第3章のビデオ要約記事……………………………………… 55
1. 20世紀をつくった科学技術　3回シリーズ
   　　　NHK・ETV特集　1995年4月17～19日放送

2. 現代文明が安全を脅かす
      NHK・未来潮流　1998年放映
   3. インターネットの情報セキュリティとサイバーストーカー
      NHK・クローズアップ現代　1997年5月26日
   4. 姿なき侵入者を追え　～急増するハッカー犯罪～
      NHK・クローズアップ現代　2000年4月27日

第4章　電気工学の発達 ………………………………… 65

4-1 電気現象の基礎知識　4-1-1 電気現象解析の複素数計算

4-1-2 いろんな現象に共通する逆自乗の法則

4-1-3 静電気現象　4-1-4 自乗の和の平方根の実効値

4-1-5 電気・電子の学問的不整合

4-2 最近の新しい電気現象　4-2-1 電力・エネルギー分野における歩み

4-2-2 電子・情報・システム分野における歩み

4-2-3 エレクトロニクスの発展　4-2-4 パワーエレクトロニクス発展

4-2-5 光ファイバーの出現　4-2-6 高周波現象の発達

4-2-7 無線周波数の問題　4-2-8 音波の高周波

4-2-9 高調波問題とサージ・ノイズ対策

第4章のビデオ要約記事 ………………………………… 76

   1. 落雷パニック　～高度情報化社会をノイズが襲う～
      NHK・クローズアップ現代　1995年9月20日放送
   2. 第2回　『マイコンマシン』～ソフトウエアが機械を支配する～
      NHK・新・電子立国　1996年5月
   3. 第6回　『時代を変えたパソコンソフト』
      　　　～表計算とワープロの開発物語～
      NHK・新・電子立国　1996年9月

4. 『新情報革命』　3回シリーズ
    NHK・放送記念特集　1997年3月25日
5. 医療機器を電磁波が襲う　～検証・携帯電話トラブル～
    NHK・クローズアップ現代　1996年6月

第5章　電力会社関連の問題 …………………………… 83

5-1 21世紀のエネルギー　5-2 原子力発電の役割と問題点
5-3 電力会社の分散型発電システム
5-4 電力会社の配電電圧に関する問題
5-5 高圧受電の地絡継電器の誤動作
5-6 高圧受電設備指針のSC設備の問題　5-7 高調波対策の問題

第5章のビデオ要約記事 …………………………… 90

1. 原子力は安いエネルギーか　～日米の違い～
    NHK・シリーズ21世紀・いま原子力を問う　1987年
2. 問われる"夢の原子炉"もんじゅ事故
    NHK・クローズアップ現代　1995年12月25日
3. 原子炉大改修　～原発心臓部に何が起きたか～
    NHK・クローズアップ現代　1997年12月
4. 東海村臨界事故　～緊迫の22時間を追う～
    NHK・スペシャル　1999年10月10日

第6章　電気工学の教育問題 …………………………… 97

6-1 電気工学と電子工学の現状　6-2 電力設備工学の教育の現状
6-3 立命館大学での電力設備関連科目の変遷　6-4 意見
6-5 電気主任技術者制度による電気設備の保安管理の技能化
6-6 技能の伝承と人材育成を憂う
6-7 大学入試と中・高校一貫教育

6-8 何でもデジタル化に警鐘を

6-9 公共事業の電力会社　6-10 電気設備のシステム技術

第6章のビデオ要約記事 ················· 105

1. 大学の授業が成り立たない　～ゆとり重視教育の波紋～
   ＮＨＫ・クローズアップ現代　1999年5月29日

2. 採用試験を見直せ　～新入社員10万人退職の衝撃～
   ＮＨＫ・クローズアップ現代　1999年6月

3. 17歳の衝動　～何が"殺人"に駆り立てるのか～
   ＮＨＫスペシャル　2000年6月3日　放映

第7章　20世紀の国際政治 ················· 111

7-1 自由・平等理念のヨーロッパの転換点　7-2 アジア諸国の変容

7-3 第二次産業革命　7-4 ロシア革命　7-5 ドイツ革命

7-6 中国の半植民地化　7-7 第二次世界大戦の勃発

7-8 独ソ戦の開始　7-9 太平洋戦争　7-10 戦局の転換

7-11 日本の降伏　7-12 インドシナ戦争　7-13 東西対立の兆し

7-14 中華人民共和国の建国　7-15 インド・パキスタン戦争

7-16 第一次中東戦争　7-17 資本主義陣営と社会主義陣営の対峙

7-18 核戦争の緊張・キューバ危機　7-19 中国とソ連の対立

7-20 苦悩するアメリカ　7-21 ＥＣ拡大の進展　7-22 米中接近

7-23 世界経済の混迷　7-24 中東問題の転機

7-25 日本の経済成長と貿易摩擦　7-26 冷戦の終結

7-27 東欧革命とドイツ統一　7-28 ソ連邦の消滅

7-29 ユーゴスラビアの民族紛争　7-30 21世紀に課せられた問題

第7章のビデオ要約記事 ················· 128

1. 日本株式会社の昭和史
   ～宮崎機関の構想～無条件降伏～日本型経済～

　　　　　ＮＨＫ・ＥＴＶ　3回シリーズ　1994年3月
2.　深刻化する経済危機　〜インドネシア新体制の試練〜
　　　　　ＮＨＫ・クローズアップ現代　1998年3月16日
3.　スハルト大統領辞任　〜混迷するインドネシア〜
　　　　　ＮＨＫ・クローズアップ現代　1998年5月21日
4.　行き詰まった借金財政　〜ロシア金融危機の舞台裏〜
　　　　　ＮＨＫ・クローズアップ現代　1998年8月19日
5.　混迷のロシア　〜エリツィンの改革破綻〜
　　　　　ＮＨＫ・スペシャル　1998年10月
6.　「世紀を越えて」・『苦悩化する国連』を読む〜国連の平和維持活動〜
　　　　　ＮＨＫ・ＥＴＶ特集　　1999年8月
7.　「世紀を越えて」・『核兵器機密映像が語る』を読む
　　〜いま何ができるのか〜
　　　　　ＮＨＫ・ＥＴＶ特集　　1999年9月5日
8.　「世紀を越えて」・『戦争、果てしない恐怖』〜地雷無差別兵器の残虐〜
　　　　　ＮＨＫ・スペシャル　1999年9月5日
9.　朝鮮半島・南北首脳の対話が始まる
　　　　　ＮＨＫ・スペシャル　2000年6月10日

第8章　20世紀の自由経済　……………………………… 143

8-1 マネー(貨幣)の歴史と技術の進歩　8-2 1929年の世界大恐慌
8-3 連合国通貨金融会議　8-4 金本位制から変動相場制に移行
8-5 変動相場制の影響　8-6 金融界の大革命
8-7 クリントン政権のグローバル化政策　8-8 バーツの大暴落
8-9 ロシアの短期国債の取引停止　8-10 日本の不良債権の処理
8-11 EUの経済政策　8-12 マネーゲームが人類を滅ぼす
8-13 世界一の債務国と世界一の債権国

8-14 ギャンブラーと投資家の混同

第8章のビデオ要約記事 ･････････････････････････････････････ 151

1. 「検証バブルの時代」　～金融機関に何が起きたか～
    NHK・なるほど経済特集　第1回　1996年8月25日
2. 弁護士『中坊公平』～森永ひ素ミルク中毒事件他～4回シリーズ
    NHK・ETV特集　　1997年11月
3. 金融ビッグバンの思想～デジタル元年～悪循環～長いサヨナラ～
    NHK・ETV　3回シリーズ　1997年9月
4. 追い詰められた大銀行　～長銀救済合併の舞台裏～
    NHK・クローズアップ現代　1998年7月16日
5. 世界経済危機と日本・第一回　～信用収縮が世界を覆う～
    NHKスペシャル　3回シリーズ　1998年10月
6. アジアからの発言
    ～立ち直れ日本経済～韓国～マレーシア～上海～
    NHK・ETV特集　3回シリーズ　訪問者　舛添要一　1998年9月
7. 資本主義はどこへ行くのか　～マネーの時代の選択～
    NHKスペシャル　1999年1月1日　放映
8. ゼロ金利で何が起きているか
    NHK・クローズアップ現代　1999年4月
9. "失われた10年"を問う　村上 龍
    NHKスペシャル　2000年5月7日　放映

第9章　ボランティア・NGO ･････････････････････････ 165

9-1 市民活動・ボランティア［volunteer］　9-2 NGO関連知識

第9章のビデオ要約記事 ･････････････････････････････････････ 174

1. ボランティア大国アメリカの補足
    NHK・ETV「ボランティア大国アメリカ」　1996年5月

2. 「世紀を越えて」・『NGO超国家ネットワークの挑戦』
　　～ビッグパワーの挑戦～
　　　NHKスペシャル　　2000年3月　放映

第10章　システム工学 …………………………………… 177
10-1 システム工学の発達　10-2 電気工学のシステム技術
10-3 電気設備のシステム技術　10-4 電気供給設備のシステム技術
10-5 人間社会のシステム工学　10-6 科学技術への期待の変化

おわりに ……………………………………………………… 183
(1) タイトルのまとめ
(2) ネットワーク知識に関連した要素
(3) 21世紀に求められる知識

付　録 ………………………………………………………… 190
配電系統における高調波挙動の解析法とその問題点の処理法
1. まえがき　2. 配電系統の高調波解析の基礎知識
3. 配電系統における高調波現象の事例　4. あとがき

200字以内の略述解答問題・目次

(1) 経済・文化・文明・文科の用語を説明せよ。
　　　　　　　　　　　　　　　　　　　　　　………… 44
(2) 政治・倫理・人権・民主・自由の用語説明。
　　　　　　　　　　　　　　　　　　　　　　………… 44
(3) 科学・工学・技術・技能・給仕・労役の説明。
　　　　　　　　　　　　　　　　　　　　　　………… 64
(4) 電気設備工学について説明せよ。
　　　　　　　　　　　　　　　　　　　　　　………… 64
(5) 電気設備に関しての法規と規格について述べよ。
　　　　　　　　　　　　　　　　　　　　　　………… 82
(6) 電気の品質について説明せよ。
　　　　　　　　　　　　　　　　　　　　　　………… 95
(7) 電気回路のキルヒホッフの法則について説明せよ。
　　　　　　　　　　　　　　　　　　　　　　………… 95
(8) テブナンの定理とその応用例について述べよ。
　　　　　　　　　　　　　　　　　　　　　　………… 96
(9) LC共振現象の電圧と電流の関係を説明せよ。
　　　　　　　　　　　　　　　　　　　　　　………… 110
(10) エクセルギーについて説明せよ。
　　　　　　　　　　　　　　　　　　　　　　………… 141
(11) 電動力応用機器の特徴的な性質について述べよ。
　　　　　　　　　　　　　　　　　　　　　　………… 142
(12) シミュレーション手法について述べよ。
　　　　　　　　　　　　　　　　　　　　　　………… 142

◆ 第1章 ◆

エコロジーと地球環境問題

1-1　自然界の限界を超越

ギリシャ語でエコロジーとは、すみかの研究のことであるが、生物と環境の関係を調べる学問では、『生態学』と訳する。地球上の人間活動による自然環境の破壊や有害物質の排出が、生態系の自己回復力や植物・微生物の浄化作用の範囲内では、全体的な大きな問題は起きなかった。しかし、この数十年来、科学技術・経済活動の急速な発展で、先進諸国の生活レベルの大幅向上による資源エネルギーの大量消費によって、自然界の浄化作用の範囲を越えて、各地に公害問題が発生し、環境破壊が問題になるにつれて生態学（エコロジー）が脚光を浴びるようになった。

1-2　人類と地球環境の保存

最近では、SO_x、NO_x、CO_2、フロンなどの大気放出で、酸性雨による森林破壊、地球の温暖化、オゾン層の破壊、熱帯雨林の荒廃、天然資源の枯渇などの、地球環境破壊問題が、科学技術の進歩で克服できるかと、国際問題としてとりあげられ、先進国と発展途上国の間で汚染者負担の利害関係の問題が議論されている。

科学技術の発展による一部の国々の豊かな生活のために、地球環境の生態系を無視して、回復には何百年をも要する森林や熱帯雨林を、自由経済思想や先進国の目先の経済性追求よって破壊させてはならない。

最近の国連の科学機関（IPCC）のまとめでは、1960～1989年の30年間の平均気温が、0.3～0.6度上昇しており、海面潮位が20cm程度上昇している。とくに南太平洋の諸島では、海岸線が浸食されつつあり、21世紀には大規模の洪水や乾伐など、様々な異変が予測されている。

日本の現状は、1996年で1990年の目標基準（2000年まで1990年以下）を8%超過している。今後の途上国の経済発展を考えると破滅は必至

で、一旦地球の生態系が破壊すると回復不能で破滅につながる。これを逃れるためには、今後10～15％の省エネが必要である。しかし、その対応が遅れれば遅れるほど苦しい条件になる。

1-3　生態学の主張と経済システム

　生態学では、汚染物質を含むあらゆる廃棄物を徹底的に再利用し、外には放出しないような、新しい「閉鎖循環」の技術システムの開発を求めているが、発展途上国の災害を引き起こしている。森林伐採の木材の輸出価格が市場原理で非常に安く、建築工事用材木やＯＡ機器の紙用パルプが再生利用より、資源浪費の使い捨てが有利となる、経済システムにも問題がある。

　ISO（国際標準化機構）-1400：国際環境規格が追加になった。その特徴は、生産・流通・消費の各段階で投入エネルギーと、排出の関係を徹底的に追究するシステムを重視した環境規格取得登録制度で、各国に一つの認定機関を設け審査することになっており、ドイツなどＥＵ（欧州連合）は積極的で、温暖効果ガス削減案15％以上を掲げているが、アメリカは極めて消極的である。

　ベトナム戦争後、強いアメリカ・大減税を目玉に、マクロ政策のレーガノミクスの大失敗で、その後の混乱を経て経済ビッグバンが実り、競争原理の市場経済が確立し、弱肉強食の資本主義やマネーゲームで、すでに、アジア諸国の過剰経済投資のバブル経済は崩壊しており、アメリカのエコノミストには21世紀中期の地球環境をどう考えているのかが問題である。

1-4　経済理論と我が国の実態

　経済理論は100年以上前から基本問題は、「生産の効率化」と「分配の平衡性」の二つであったが、その後「経済の安定性」が提起され、

現在の経済学者は効率性・平衡性・安定性という、経済の三つの基本問題を巡って、望ましい経済体制の在り方を模索してきたが、戦後復興の傾斜生産方式の官僚主導経済の一般化で、1950～1970年代までは非常に高機能を発揮した。勤勉・品質管理・長時間労働・過当競争・輸出ダンピングで、貿易黒字によりドルを稼ぎ、それで米国国債を買って基軸通貨を補完し世界経済を席巻した。

　1983年、レーガン大統領来日の金融自由化要請により、今まで企業の設備投資の資金は主要銀行に依存していたが、資金調達の多様化により企業自身で調達できるようになった。

　一方、金利の自由化で預金獲得競争での預金量が増えて貸出資金の処理法として、中小企業や不動産業への貸出し、プラザ合意による為替高騰の円高不況対策の低金利政策で、企業も財テクに走り土地や株の価格・マネーサプライが急上昇し景気が過熱した。物価安定の資産インフレは、全てがハッピー・ハッピーと有頂天になって、土地や株の価格が急上昇した。

　そのバブル経済が崩壊して7年、そのつけは不良債権という形で金融機関に重くのしかかっている。バブル経済の後遺症対策で超低金利政策が続けられ、その弊害の年金基金、郵便貯金、高齢者の自助努力の崩壊など、日本経済は混乱し、バブル時代に東京市場に集まった世界の金融が、崩壊後は去って東京市場が空洞化し、世界から取り残されるという危惧と、規制撤廃の外国の圧力も加わって、橋本内閣は①行政改革、②財政改革、③金融制度改革、④社会構造改革、⑤経済構造改革、⑥教育改革、の六つの改革は提唱していたが、1998年夏のロシアの短期国債の取引き停止で、各国の政治・経済を攪乱しながら世界を席巻していた、アメリカのマネーゲームの大損失で、株価が急下落したがアメリカの金利引き下げで、世界一の債権国でありながら消費低迷の不況になり、自民、公明、自由、連立の小淵内閣になって、六つの改革や環境対策・財政再建などは先送りして、金利0％のばらまき行政による景気回復対策を最優先に方針を変更している。

しかし、小淵首相は沖縄サミット・総選挙を控えて過労脳出血で斃れ、その後を引継いだ森首相は、『神の国』発言に野党の反対で、国会解散・総選挙で政権を争うことになったが、与党は経済成長が2%に回復すれば、ばらまき行政の膨大な負債の解消は問題ないと主張して2000年6月25日の投票になった。

　投票の結果は、野党の民主党や社民党が大きく伸びて、与党は減ったが過半数は確保した。今度の選挙の反省は、与党・野党とも、小選挙制の不合理を指摘している。

　その選挙直後に、落選した旧建設大臣の逮捕と大物政治家・官僚と建設業者との疑惑や、「そごう」への「税金救済」が発表された。これらのことが投票前に発表されていたら、全く違った選挙結果になったと考えられるが、将来の経済は地球環境破壊の問題から縮小せざるを得ない宿命にあると、21世紀の厳しさを主張にした政党は全くなかった。

1-5　多数決主義と科学技術

　宗教・文化・政治・経済・軍事・思想・人権・自由化、あるいは貧困・豊かさ・快適性などと、戦後、従前の階級制度崩壊・植民地開放・民主主義・人権擁護・自由化などと、文化的要求も高度化し、それぞれの立場で長い次元の問題や目先の問題として個々に議論されており、暴力・戦争・争いの平和的解決方法としての、集団の意思決定の手段は、民主主義といって多数決の方式が最善とされるようになったが、その民主主義自体が地球人類に必要な知的進歩を阻害している。

　この多数決主義によらない真理追究の科学技術が、20世紀の急速な発展による産業経済の発達・生産設備の効率化は驚異的なものであるが、軍事・経済など国家・民族・企業の、利益追求のための適応技術として乱用されている。しかし、ドイツでは戦争責任の反省からか？

『国家の利益のために』などという用語は使わないそうである。

1-6　科学の発展が環境破壊の根源

1970年の大阪万国博のテーマであった『人類の進歩と調和』は、人間の叡智が自然の摂理に逆らわずエコロジーの理念に基づいて、地球環境問題を克服しようという、当時の先輩たちの提言はほとんど一般には理解されなかった。民主主義の雰囲気の中で地球環境破壊の問題が科学技術の進歩で克服できるか、すでに、時間的余裕がないという人類の危機感はエコノミストには全く無いようである。

1-7　自由経済思想の駆逐

科学技術が競争原理において自由経済、利益追求の企業ビジネスの技術として、人類の発展の目標を見失う専門馬鹿になっているためであり、20世紀を驚異的に繁栄させた科学技術がその本性を現し、自己増殖のコントロール不能から、利潤追求の自由経済の奴隷となって、21世紀には地球人類の破滅に発展する可能性があるが、最近の自由経済の欠陥を補うボランティア活動の拡大動向から、電気設備工学の創造的な発展のシステム技術の手法を社会システムの最適化に適用して、21世紀には自由経済思想を世界から駆逐する啓蒙が必要になった。

第1章のビデオ要約記事

1. エネルギー戦争 ～反温暖化の仕掛人を追う～
　　　ＮＨＫ海外ドキュメント・デンマーク放送協会　1997年制作

　地球温暖化を否定する人たちがいる。気候の変化など気にしなくてもよい、地球温暖化というのは実態のない話だという。今、環境問題の裏側で地球という星の未来をかけた戦いが繰り広げられている。
IPCCの動き
　地球温暖化現象は100年も前から、アラスカやアルプスなどで氷河が溶け出したり、降雪量が減るなどの現象が始まっていた。この温暖化現象を検討するために、国連にIPCC（気候変動に関する政府間パネル）が設立されたのが10年前、そのメンバーは世界各国の気象学者など2,600人で、21世紀には二酸化炭素の排出量を、大幅に削減しなければならないと提言している。
反対派の動き
　これに対して石油・石炭業界は、最初から気象学者の言い分は誤りである、という立場を取っている。ウエスタン燃料連合代表のＦ・パーマは「地球が滅亡するというのは単なる憶測にすぎず、人間が地球に及ぼす変化など問題はない、冬が多少暖かくなることは、作物収穫に歓迎すべきこと」と宣伝した。
　1995年11月　ＥＵは、その後の研究で「環境破壊を考慮に入れると、太陽や風のエネルギーの方が安い」と発表したので、その世論の封じ込めを目的に、約80名の署名の『ライプテヒ宣言』を世界に向けて発表したが、これを細かく調べると、数人の科学者が参加した怪しげな署名宣言で、化石エネルギーの大量消費の上に、現在のアメリカの繁栄があると、アメリカ国会に働きかけ、地球温暖化防止活動を消極化している。
※地球温暖化は科学的に細かく解明する前に地球破滅になり『覆水

盆に帰らず』である。

2. アジア異常気象 ～停滞した梅雨前線の謎～
NHK・クローズアップ現代　1998年10月　放映

　相続く集中豪雨や大洪水のこの夏の異常気象を、気象衛星『ヒマワリ』のデータによると、1本の雲の帯が中国大陸から日本列島に連なって停滞している。例年の梅雨前線は6月頃に発生して7月末に消えるのであるが、今年は異例の長さで現在でも居座ったままである。

　停滞している雲は、中国に半世紀振りという大洪水をもたらし、長江流域とその東北部では6月から大雨が降り深刻な災害で、被害者は2億4,000万人・死者3,000人で、この雲の帯は韓国や日本にも被害を及ぼし、災害は今も続いている。

　8月25日に発生した台風4号の接近に伴い、日本上空を覆い雨量が記録的になって、関東北部・東北地方の各地では、8月としては平年の2～4倍を超える雨量で、その被害は広い範囲に及んだ。

　日本列島の新潟市の上空では、梅雨前線の上に積乱雲ができ、それに海からの水蒸気を吹き込んで、積乱雲が次々に生まれ、7時間の集中豪雨や栃木県那須では、5日間も続き被害を拡大した。その特徴は、①日本周辺の海面温度が高かった。②台風発生が少なかった。③南西日本で梅雨前線の梅雨明け宣言は遅れたが、東北では宣言できなかった。④例年に比べ日照時間が少なく、東北地方では平年の1/2程度。⑤南西部では日照で雨量が少なかった。『ヒマワリ』のデータを忠実に再現した画像で、異常気象をもたらした梅雨前線が消えず、停滞している原因の推測は次にあげる。

① アジア大陸の降雪量が多かった。

　ヒマラヤ・シベリアに降った雪が多く、上空のジェット気流が複雑に蛇行し、オホーツク高気圧が異常に発達して、梅雨前線は太平洋高気圧に挟まれて、消失せず長期に停滞している。

② インド洋の海面温度が上昇した。

　今年6月のデータでは、フィリピン沖で雲の発生がなく、インド洋では大量の雲が発生し、スマトラ沖の上昇気流が、フィリピン沖の雲まで引き込んでいる。
③ フィリピン沖で台風の発生が少ない。

　平年は赤道収束帯で風が吹き込み、空気が集まるところで、上昇気流で雲が発生するが、今年は風の流れが変わっている。
④ エルニーニョ名残りの海水温度。

　例年は赤道直下の貿易風で、フィリピン沖上昇気流よる大量雲が台風となるが、去年はエルニーニョで現れた冷水が、今年6月になっても残っている。気象衛星のデータを駆使しても、複雑で課題は多いが、東京の10年ごとの平均雨量実績は、確実に地球温暖化の方向にある。

3. 神戸直下型地震による破壊の問題点
　　　　　　　　　ＮＨＫスペシャル　シリーズ　1995年7月23日

　1995年1月17日05:45 淡路島北部から神戸を通って芦屋にぬける、活断層の直下型地震が起きた。人口密集地で起きたため、震源の規模の割に大災害になっている。

　京都大学防災研究所では、今度の地震に連なる兆候を、1994年1月に京都府と福井県の県境で起きた弱い地震とみて、画像のように時間とともに、しだいに今度の震源に近づいているのを観測している。大地震の被害は、建築物の崩壊と、自動ガス遮断装置未設置のガス漏れ出火が特徴であるので、とくに建築物破壊の要因にポイントを絞って収録する。

(1) 建物破壊の要因
　神戸放送局の固定カメラが記録した映像によると、直下型地震のため20秒間の大きな振幅で、木造建物およびコンクリート建物とも、完

全に潰れた建物とほとんど被害のない建物になった。

　木造住宅の破壊の要因は、瓦葺きの屋根の重たい住宅に限られている。わが国は昔から毎年台風に曝されるので、それに耐えるために重たい瓦が一般化したが、最近の住宅は軽量の屋根が採用されているので、同じ場所で潰れた家と無傷の家が並んでいる。

　コンクリート建物の破壊は強度不足が原因で、特定のビルの特定の階だけ潰れて、多くの犠牲者が出ている。

　建造物の耐震基準の旧基準と新基準の大きな違いは、帯金の間隔で古い基準は30cmであったが、十勝地震の被害状況を踏まえて、それでは弱いということで10cmに改められた。破壊した建物の大部分は帯金の間隔が広い古い建物であったが、新しい基準で立てられた建物でも、1階が店舗など2階以上に比べて壁面積率が少ない場合は1階が潰れている。

(2) 高速道路の破壊

　阪神高速道路3号神戸線は、昭和44年建設で古い基準の設計で、橋脚部分に鉄板を巻く補強中であった。さらに当時、建設費が安く場所を取らないことを理由に、通常は軽い鋼鉄製の橋桁に2本橋脚で設計するのを、重いコンクリート橋桁の1本橋脚で設計している。3号神戸線ではこの補強工事が終っていない、18本の橋脚が横倒しになっている。

(3) 耐震基準の変遷

　設計基準強化の変遷は、1925年の関東大地震以後から、1970年の十勝沖地震までを第一世代、1970～1980年の宮城地震までを第二世代、それ以降を第三世代といっている。

　この直下型地震で壊れなかった設計基準が、今後の基準の目安となるもので、壊れた建物の調査と併せて、壊れなかった建物の詳細を調べる必要がある。

(4) 液状化現象

この現象は1964年（昭和39年）新潟地震で、世界で初めて確認された現象で、集合住宅が横倒しになって多くの犠牲者が出た災害であった。1971年（昭和46年）の埋立て地に、12,000人が住むポートアイランドも液状化現象が予想されたので、古い地盤までとどく基礎杭が打たれている、その高層マンションは壁にひびが見られる程度の被害であった。初めての地震経験で今後の液状化対策の参考になるという。

(5) マンション被害の問題点

マンションは昭和30年代から建設されて、今回が初めての地震経験となる。そこで神戸東灘区の212棟を対象に、調べたものがこの表通りで、60年代以降の74棟のうち、16棟が施工上や設計上の問題で被害が起きている。

① 鉄骨の溶接の問題

溶接法には「完全溶け込み溶接法」と「すみ肉溶接法」があり、強度比較試験では1/6以下の違いがあるという。建築の施工図では「完全溶け込み溶接」が指定してあるが、壊れた建物の85％が「すみ肉溶接」になっていたという。この原因は10〜20社による競争入札で、受注金額のみで発注が決まっているので、今回のような地震が起きないとわからない手抜き工事になる。

② コンクリートの問題

昭和40年代のコンクリートの川砂不足で、海砂を使用するようになり、その塩抜きの不徹底がもとで、錆の発生－膨張－ひび－浸水－風化と短期間に、コンクリートの内部から劣化する。コンクリート打設の時の水分の量が多いと、施工は仕易いが乾燥した時の水分の気泡が隙間となって強度を弱くする。

③ 建築強度計算書の問題

コンクリート建物の1階部分は、店舗などで間口の広い設計になり、壁専有面積が少なく強度不足で、古い建物の1階の潰れた災害が多い。

新しい建物はそれらのことを考慮して、建物全体の強度バランスを図る設計になっているが、1階に12台の駐車場を確保したいための、実施不能な無茶な1/20の強度計算書もあった。

④ アメリカの建築検査制度

日本の検査体制は、工事前の建築確認申請の強度計算書と工事完了検査で、建設施工中の確認はすべて建築士に任せたシステムになっているので、施工中の手抜き工事は確認できない。アメリカの西海岸では、度重なる災害の経験から、費用施主持ちの第三者による検査制度になっており、病院などの重要施設はさらに厳しい検査になっている。

4. 検証・トルコ大地震　～死者1万5千人の震災はどうして～

　　　　NHKスペシャル　　地震発生3週後報告　　1999年9月1日

先月17日トルコ北西部を襲った大地震は、今世紀最大級被害をもたらした。家族や友人の犠牲者は1万5千人を数え、被災地では至る所に身元確認もできずに埋葬されている。なぜ、これほどの多くの人々が犠牲になったのか、地震発生から3週間余りトルコ大地震の実態が漸く明らかになった。

トルコ北西部の東西 150kmにわたって建物が全半壊し、20万人が住む家を失った。地震が直撃したこの地区は重工業や金融機関が集中する経済の心臓部でGNP（国民総生産）の80％で2兆2億円の被害という。最も多くの犠牲者を出した人口15万人のギュルジュクは、震源地から20kmで、4,600人の犠牲者であった。各地で50万人がテント生活をしている。

トルコでは1958年に市民防衛法を作り、地震・テロなどの危機に対して組織的な市民の対応を決めているが、地震の規模・広範囲のため72時間以内の緊急処理が、通信・交通の途絶で全く機能せず、罹災者を救えなかった。

地震から3週間余りで調査観測データの分析が進み、地上に現れた

断層は100kmで東西方向に5mずれている。震源はユーラシアプレートとトアナトリアブロックの境界に沿った北アナトリア断層で、観測データ解析を図表化すると、地下17kmが震源で、地上100kmに断層が現れている。

　震源のマグニチュード7.4の大地震であったが、波形の振幅は407ガルと神戸の878ガルと、比較して弱くゆっくりした地震であった。それで被害が多かった理由は、建物の設置場所の問題と建物の構造に関係している。

　建物は健全でも液状化・地盤沈下で海底5mに沈んでいる。経済成長対応のニュータウンは地盤軟弱なところに、資金積立で共同住宅を建設する経済建築のため、安全性の無視で縦方向に潰れている。11年前の航空写真では、この地域は地盤軟弱な果樹園であった。

5. 検証・台湾大地震　〜台湾地震の特殊性〜

　　　　　　　　　　　　　ＮＨＫ・サイエンスアイ　1999年10月

　1999年9月21日台湾中央部を震源とした大地震が発生、台湾の広い範囲を震度6以上の激しい揺れが襲った。倒れた建物13,000棟、死者2000人を超えた。今回の地震の原因は、活断層の動きで地下で生じた割目が地上にまで達し、南北50km以上にわたって大きな断差が生じた。地震発生から3日目に、今回の地震で活断層がどう動いたかを確認するため、空中からの調査を始めた。震源に近づくと5mの活断層が突然現れ北上するにつれ、帯状に建物の激しい被害がわかる。

　今回の活断層の特徴の横ずれなしの縦づれ低角逆断層が、陸上競技場の白線が直線で緩い傾斜になって、下段層に上段層が巻き込まれている。この断層を押し上げる力は、ユーラシアプレートとフィリピン海プレートが、東西の方向に7cm/年移動しており、台湾東側の一部の島に衝突し、東西からの圧力で台湾中央部に南北の山脈ができ、複雑な地形の活断層になっている。

　今回の震源は、東側の山と西側の平野との境目で起きており、縦づ

れ低角逆断層が50kmも伸びて地上に現れ、活断層は震源の位置より40kmもの北側で、その被害は過酷でそのエネルギーは阪神大震災の10倍に近いという。

　被害の実態は、断層の東側を押し上げる地震の被害範囲が大きく違い、断層の平野側ではほとんど被害はなく、震源の北側50km、幅40kmの範囲で被害が起きている。その最も激しい『東勢』では断差7mのところもあり、この地区では、川は滝に、池は消滅、建物の破壊が、最も多くなっている。

　その要因は、地下での断層の押上力で、もり上がった部分の反対側にも、新たな数本の断層ができたと推定されている。

　古い断層と重なって断差15mのところもあり、この様な位置の地層を調べて、地震周期などから地震発生の予測が研究されている。

※神戸・トルコ・台湾の実態調査で新たにわかったことは、地震源の活断層の長さによって、地震の振幅周波数が変わるので、直下型地震では建物との共振によって、建物の被害は大きく違う。とくに日本では、短い活断層の急峻な揺れで、建物の被害が多くなるという。

6．地球温暖化のしくみ　　　3回シリーズ

　　　　　　　　　　　　　ＮＨＫ・サイエンスアイ　1997年12月

第1回　CO_2 温暖化のしくみ

　南極の氷は、何万年何千年前のその時々の空気の気泡が、降り積もる雪に押し固められているので、それを分析したCO_2の変化では、19世紀になってから急激に増え始め、地球の平均気温は0.5℃上昇している。この状態で温暖化が進むと今迄の気候生態系が変わり、今年のエルニーニョのように大乾伐・森林火災・大洪水が発生して、今後どのようになるのかの予測が難しくなっている。

　省エネが進んでいる日本でも、1年間に放出するCO_2量は12億トン

で世界の5％、その12％が一般家庭からで量的に6,000万トンという。地球で放出する240億トンの約50％は海などに吸収されるが、地球温暖化を防ぐには、現在放出量の50～60％の削減が必要という。

一般住宅の省エネは、太陽電池・太陽熱の利用、2重窓・ブラインド、床下岩石蓄熱などによる、快適空調で50～60％を削減しているが、その費用800万円というが、数十万円程度でも相当の効果が期待できる。

埼玉県では出力2,400kW、効率20％以上のゴミ発電所が稼働している。それはボイラに特殊鋼採用の高温高圧発電でダイオキシンも発生しない、これにゴミから作られた固形燃料を活用すれば発電効率30％が期待できるという。

第2回　近未来のＣＯ₂削減テクノロジー

温暖化防止京都会議で、日・米・ＥＵの2010年までの削減目標は6・7・8％で、途上国は先送りだが、温暖化防止には50％以上が必要である。排出したものの処理が問題で、①科学的処理　②生物的処理　③貯留・隔離方法の三つがある。

①**科学的処理**：CO_2リサイクルで作ったメタノールは、ガソリンより熱量は低いが窒素酸化物の少ない燃料で、$CO_2 + H_2$のメタノール合成を水力発電が豊富な地域にCO_2を運ぶグローバルリサイクルシステムがある。

②**生物的処理**：国内で排出されるCO_2の30％は火力発電所からで、これを光合成で体内に吸収する微細藻類でCO_2 10％の排気を40℃にした条件で最も効率の高いクロレラ－UK001に吸収させ、このクロレラの処理に鶏の餌や床タイルの混入剤として使用が研究されている。

③**貯留・隔離**：地球からのCO_2の排出は75億トンでそのうち35億トンが大気へ、海と森林にそれぞれ20億トンずつ吸収されている。海底4,500mと同じ条件にすると、CO_2はハイドレートになって固形になり、10億トンのCO_2は1km³の容積になるという。地下埋蔵のメタンとCO_2

がハイドレートに置換し、排出のCO_2がエネルギーのメタノールになる。

第3回　CO_2以外の温暖化ガスの削減

地球温暖化の現象を復習すると、太陽からの赤外線と地球から宇宙に放出する赤外線のうち、オゾン層の温室効果ガスで温暖化する。放出する温室化ガスの割合は、CO_2 64%、メタン19%、フロン10%、亜酸化窒素 5%、その他 2%で、このうちのメタンとフロンが問題であるという。

世界で初めての地球観測衛星『みどり』の事故前の観測データにより地球の大気中メタン濃度を計算すると、湿地が22%、反すう動物が16%、天然ガス炭鉱が13%、水田が11%、その他が39%で総発生量は5.4億トンで増加中という。

メタンの問題：温室効果はCO_2の21倍も強い。凍土地帯の森林が伐採され太陽熱で水温5℃以上になると、メタン菌が活動してメタン発生→気温上昇→メタン発生と増加する。

反すう動物の牛も牧草をメタン菌で消化し、1日40ℓのメタンを吐出している。穀物の混入、成長期間短縮などが研究されている。

フロンの問題：オゾン層破壊が90〜9,000年と長いので、代替フロンが開発されたが温室効果が数千〜2万倍も強いので、寿命10年程度のHFE-245mCフロンが研究されている。

ドイツでは引火性のある冷媒が90%使われ、日本でも小型の電子冷蔵庫が使われている。

7．日本列島・平均気温2度上昇！　〜地球温暖化影響報告書〜
NHK・クローズアップ現代　1997年6月

地球温暖化はすでに始まっており、海面潮位が20cm程度上昇している。とくに南太平洋の諸島では海岸線が浸食されつつあり、21世紀に

は大規模の洪水や乾伐など様々な異変が予測されている。国連の科学機関（IPCC）のまとめでは1960～1989年の30年間の平均気温を0として0.3～0.6度上昇している。

その要因は人間活動によるもので、具体的には、車に乗ったり、物を作るためにガソリンや石油を燃やすとCO_2が排出され、このCO_2が大量に大気中にたまると、人類最大の驚異といわれる地球温暖化が始まる。

日本ではどうか？　今年の4月環境庁から自然系・農林水産業への影響などの細かな内容についての調査予測「地球温暖化の日本への影響報告書」が発表された。その報告書の予測内容の放送のビデオを要約すると下記のようにまとめられる。

①平均気温2度上昇：画面で濃い部分が上昇5度で北海道では3度上昇。
②高潮被害の増加・危険箇所の予測：海面は最大1m以上上昇する高潮危険予測箇所は画面のとおりで、その地域に2,500万人が生活している。
③砂浜の消失：砂浜は自然の防波堤であるが、海面の上昇に気候変動も加わり浜砂が流出して、現在ある砂浜の90％が消えるという、東京・大阪などの海岸は非常に高い堤防に囲まれているが、それを維持するには20兆円が必要である。
④マラリアの流行：現在は熱帯地方の病気とされているが、気温の上昇で日本の西南部地区でマラリアが流行する。
⑤米の味が変わる：気温で影響する。
⑥世界の小麦の生産減少：日本では直接の影響は見られないが、気温の上昇で生産量が50％に減少となり、間接的に世界の激しい食料不足の被害を受ける。
⑦高山植物の絶滅：地上の植物が気温上昇により高山植物を駆逐し絶滅させる。
⑧珊瑚の絶滅：気温上昇のため海水の温度も高くなり、生存できずに絶滅する。

8. 生殖異変　〜しのびよる環境ホルモン汚染〜

　　　　　　　　　　　　　　ＮＨＫスペシャル　1997年12月

(1) 環境ホルモン

　合成の化学物質であるのに、生体ではホルモンのように働く「環境ホルモン」への心配が広がっている。直接毒物として働くのではなく、微量で生体内の情報伝達を妨ぎ、生殖活動や免疫異常を起こす。すでに貝や魚の生体器官に異常を起こし、人間の精子数減少の原因としても疑われている。世界に流通している約10万種の化学物質に環境ホルモンの危険はないか、調査が始まろうとしている。

(2) インポセックス

　これは「メスの巻き貝にオスの生殖器ができる現象」を指す造語である。原因はトリブチルスズ（ＴＢＴ）貝の付着防止用に船底に塗ってきた汚染が今も残り、ＴＢＴの濃度が1ppt（1兆分の1）で、これは500mプールにＴＢＴ一滴の稀薄さである。「環境中にあるホルモンのような物質」とか「内分泌攪乱物質」と呼ばれる化学物質が注目されだしたのは、1996年に米国で『奪われし未来』が出版されたからである。

　その本はワニの生殖器の奇形や魚のメス化、ヒトの精子数の現象、乳ガンの増加など、世界各地からの散発的な報告を整理し、背景にある共通事項を指摘している。

　「化学物質が女性ホルモンのように働いたり、ホルモン合成を阻害したりして、生態内のバランスを崩している」と疑われている物質は、現在、約70種、ダイオキシンやＤＤＴ（ジクロロジフェニルトリクロロエタン：殺虫剤）など有名な毒物のほか、プラスチック材料など身の回りの物質が多い。

(3) 日本での調査

★今年の夏、長崎大学の研究グループが魚の緊急調査を行った。各地から成熟した鯛を集めて、その生殖機能を調べた。その結果、メスの数がオスに比べて多く、見た目には全く普通の鯛であるが、オスの精嚢中の精源細胞にメスの卵の細胞が存在しており、この不思議な現象の原因は何かを調査しているが、いまだ詳しくはわかっていない。

★日本海に面した食用巻き貝のバイガイの養殖地で、県水産試験場で天然の貝からの卵を孵化して稚貝を放流し、最盛期500万トンの水揚げだったが、10年以上前からバイガイの産卵がしだいに少なくなり養殖できなくなった。

現在は試験場でわずかに採れるバイガイを飼育し、生殖異変の状況を調べている。90%のメスがオス化して、正常のメスは1,000個の卵を産むがオス化してその10%の産卵である。

★イボニシは全国に分布し、環境ホルモンの影響が調査に都合がよい、全国で97ヵ所調査してその94ヵ所で全部がオス化していた。

(4) 人への影響

デンマーク国立大学病院では、過去50年にわたって男子の精子に関するデータやボランティアの男性から実際に提供された精子の状態を詳しく分析しいる。

その結果、最近になるにつれ精子の数に変化を起こしていることがわかった。世代の違う男性の精子がどう違うか、平均的な例を顕微鏡で観察すると、40歳の男性の精子は活発に動いているが、18歳の若者の精子は数も少なく動きも鈍い。この50年間に精子の数は半分に減っている。その要因は胎児の時の環境ホルモンの影響によるものと考えている。

今後20～30年先の結果が心配であるという。

(5) 環境ホルモン物質の検出

日常生活で触れている物質の環境ホルモンの検出を、ボストン大学では、人間の乳ガン細胞に女性ホルモンを加えると増殖する性質を利用して、分析している。現在、50種類を検出しており、とくに缶詰内の樹脂コーディグ、入歯の樹脂治療を大問題にしている。

9. ドイツ・環境産業革命　3回シリーズ

NHK・TV特集　1996年7月

技術革新と経済の発展を謳歌してきた20世紀は、そのつけとして今や巨大なゴミの山に覆われている。この廃棄物の山に果敢に挑戦するドイツでは、廃棄物の大量減量・徹底したリサイクルによる再資源化・再利用化に国を挙げて取り組んでいる。これは単なる廃棄物対策の問題ではなく、ある物を作る場合には、その原料から製造工程、そして商品が寿命を終えた後の最終段階に至るまでの、その全サイクルに対して変革を迫るものである。

第1回　包装法が社会を変える

日本では1997年4月より包装容器リサイクル法が発効することになっているが、ドイツでは1991年に包装廃棄物規制令が公布され、伝統的に合理的な考えの国民性があるので、①中身を濃縮して容器を小さくする。②統一瓶サイズの採用で再利用の合理化。③ゴミ収集の量に応じた有料化。④商品容器の生産者団体の無料収集など、徹底した包装容器リサイクルが行われている。

第2回　自動車産業が動く

自動車に対する社会の要求は、機能・性能・公害・安全・リサイクルの流れで、1991年包装廃棄物規制令公布、1994年循環経済・廃棄物法、1996年自動車・電気製品メーカーの回収義務が検討中。現在でも

自動車のリサイクル率は85%という。

第3回　環境監査が企業を変える

　ドイツでは環境監査を受け環境に優しいとの認定を受けると、銀行が通常より低い金利で融資を与えるという試みが始まっている。環境監査の流れ→宣言→現状把握→目標設定→実施計画→（外部）環境監査→環境声明→認定、3年ごとに更新。

10. 環境規格の衝撃

　　　　　　　　　　　　　　　ＮＨＫ・なるほど経済　　1996年11月

　この秋できた新しい国際規格は環境に負担をかけない製品作りを徹底的に推進するもので、工業製品の輸出に大きな影響を与えるものである。日本の企業が環境規格取得に力を入れるようになったのは、海外の取引先から環境への取り組みは？　国際規格を取得する用意は？との質問に早急に返事が求められているためである。

　現在の環境関連国内法は、環境基本法・大気汚染防止法・オゾン層保護法・水質汚濁防止法・水道法・下水道法・悪臭防止法・騒音規制法・振動防止法・省エネ法・廃棄法・リサイクル法などでISO-14000：国際環境管理規格が追加になった。

　この国際規格は国際会議で決められ、各国に一つの認定機関を設け、その下部組織の（日本では14）審査登録機関で各企業からの申請に対応審査する。

　環境規格取得の条件は、
① 自主的に改善計画を立てる。
② 計画に基づいて実施する。
③ 結果を定期的に点検する。
④ 見直しを行って次の計画を立てる。

　審査では以上の様な管理システムのループが職場ごと、工程ごとに

細分化されて、その全てが文章化されていることが条件で、審査官が現地で具体的に確認し登録審査会議を経て登録証が交付され、今後、毎年見直し審査が行われることになる。

　このISO-14000の特徴は、生産・流通・消費の各段階で投入エネルギーと排出の関連を徹底的に追求するシステムを重視している。

　あるメーカーの環境規格取得のための費用は、

設備改修費	6,500万円	教育研修費	750万円
委員会運営費	950万円	その他雑費	1,500万円
事務局運営費	6,800万円		合計1億6,500万円

　この例でも、年間の利益が20億円の工場で負担は大きいが、長い目では改善の効果が期待でき、これを取得しないと輸出できなくなるという。

　滋賀県では環境に優しい製品は高くつくが、県の施設で率先して採用し一般への普及で価格の低減を図っているといっている。

11.「世紀を越えて」・『食料』を読む

　　　　　　ＮＨＫ・ＥＴＶ特集　　1999年2月5日　　放映

　現在の牛肉は、大量の穀物を与えて脂肪を多く含み、肉質が柔らかく改良されている。牛1k太らすのにその8倍の穀物が必要になり、現在、世界のトウモロコシの生産量は6億トンでそのうち4億トンが家畜の飼料で、残り2億トンが世界の大切な食糧になっている。

　世界の人口が58億でそのうち8億が飢えに苦しんでいるが、今、家畜飼料のトウモロコシの10％：生産肉の5％で世界の飢えた人々を救うことができる計算になる。

　人類は古代から食料は自給自足だったが、20世紀なって食糧が商品として登場して大量増産になったがその結果として人口が増加し、食糧分配のアンバランスで、北の飽食が南の国々の飢餓の原因となっている。農産物は工業製品と違って、国々の自給が原則で余剰分を外国

で処理し、不足時は自国優先で国の自給率が重要な課題である。

日本では1960年代にアメリカの畜産技術が導入され、牛肉の消費は7倍に拡大し、世界最大の穀物輸入国で食糧の自供率は40％で異常気象など対応に米の備蓄が必要である。

1950年にロックフェラー財団の出資で、アジアの飢餓をなくすための小麦の品種改良の研究を続け、1954年に後に「緑の革命」といわれる高多量品種の開発に成功した。

この品種は茎が短くて倒れにくく大量の水と化学肥料によく反応し、近代農業の条件に適しており、1960年代に伝統的なアジアの農業に、農業指導員の派遣でトラクターなどの耕作機械の導入、農薬・肥料の工場建設などと農業大改革を進め、1970年にはインドの小麦の収穫は2倍に増え食糧自給は達成した。

それから20年、生態系の許容値を超える近代農業による収穫で、環境破壊の「湛水現象」や「塩類集積現象」が現れ、現在も第二の緑の革命を目指して研究が続けられている。

12.「世紀を越えて」・『環境』を読む
NHK・ETV特集　1999年3月9日放映

20世紀の繁栄は、プラスチックや合成繊維などの人工化学物質なしにはあり得なかったが、最近、アメリカでは激しい頭痛・吐気・記憶力低下などの異常を訴える化学物質過敏症が多く現れており、これらの患者の血液には数百種の人工化学物質が検出され、どんな物質に過敏なのか特定が難しいという。

戦争中、殺虫剤のDDTが開発され、発疹チフス・マラリアなどの伝染病に威力を発揮し、世界で1億人の人を救ったといっているが、1962年に女性の生物学者が「食物連鎖」現象を『沈黙の春』で警告し、DDTばかりでなく多くの人工化学物質に曝されいると予告した。

現在では1日1,400種の人工化学物質が生み出されているが、アメリ

カの検討会で過去20年で発癌物質として審議された化学物質は467件、そのうち政府が規制した物質は約100件、未確認の物質は3,000件余りあるという。さらに最近では、微量の人工化学物質が生殖遺伝子を狂わせる「環境ホルモン」が21世紀の人類に与える影響を警告している。

　1960年代後半から始まった大規模開発によって熱帯雨林の破壊は急速に進んだ。ランドサットのアマゾンの影像ではアマゾン全体の1割、日本の面積の1.4倍の森林が失われている。ブラジル政府はアマゾンのロンドニア州に外貨獲得のため、牛肉の輸出拠点にと牧場を作るにあたって森林を焼き払ったが、アマゾンの土地は栄養分に乏しく牧場としては効率が悪く、広い熱帯雨林を破壊した。

　1989年ブッシュ政権は『地球温暖化の現状と対策』を発表、その中で"ブラジルの森林破壊によって失われる排出CO_2は、毎年世界中で排出される量の25％を占める。森林の消失速度を緩めることと植林することがCO_2を減らす最も費用のかからない方法である"これに対して"世界最大の石油消費国こそ排出量を削減すべきだ"と反発して開発は続けられている。

13.「世紀を越えて」・『どうする日本のリサイクル』を読む
　　　ＮＨＫ・ＥＴＶ特集　1999年4月放映

　ゴミの氾濫や汚染を克服しようと世界各国の苦悩ぶりを紹介している。
★ニューヨーク州サフォーク郡でプラスチックの使い捨てを禁止するプラスチック禁止法を1988年に成立、法律の施行は1年3ヵ月後で全米各地でこれを見習う傾向になり、プラスチック工業会の地方裁判所に施行差止め提訴で裁判が長引き、生活優先と住民の支持が変わり法律も規制のない奨励法で落ち着いた。
★ドイツミュンヘンでは、この市のゴミ埋立て地は10年前には年間70

万トンのゴミが運び込まれ、あと数年で満配になる見通しであったが運び込むゴミが1/50に減り、現在では敷地の半分は平地のままで使われていない。

　ドイツでの住民はごみ処理の税金と別にゴミ代を払うが、廃棄ゴミを減らせば得をする仕組みになっている。例えば240ℓの標準バケツで毎週1回の回収を行うと、年間のゴミ代が70万円でこれの半分のバケツでは35万円とし、店に並べる商品にはリサイクルを義務付ける緑のマークを付けている。自治体に続いて国も動きメーカーに容器や包装材のリサイクルを命じた。住民は使い終わった容器や包装材はゴミとは別に黄色い袋に入れ、メーカーの負担で運営されるＤＳＤ社が回収し資源として再生する。このように国が企業にリサイクルを命じる政策と市民の財布に訴える自治体の取り組みによって、ドイツでは家庭からのゴミは年間1千万トン以上減らしている。

★日本でも『容器包装リサイクル法』2000年完全施行、『家電リサイクル法』2001年施行であるが、酒屋で回収する1升ビンの例では、便利で使い捨てのペットボトルや紙パックに押されて、回収率30％とアメリカと同じ傾向である。

※　地球環境破壊の問題は、この10年来の科学技術・経済活動の急速な発展で、先進諸国の生活レベルの大幅向上による資源エネルギーの大量消費で、自然界の浄化作用や資源の枯渇を大きく超過したためで、地球温暖化だけの問題ではなく、今後の途上国の経済発展で、先進国に近い生活レベルになれば、大幅な地球環境悪化で人類滅亡が必至となる。

(問題)

(1) 経済・文化・文明・文科の用語を説明せよ。

(解答)

経済：①国を治め民を救うこと。社会生活を営むのに必要な、売買・消費などの活動。②財政状態、お金のやりくり、費用がかからないようにすること。
文化：技術が進み生活が便利になり、程度が高くなる状態。
文明：人間の知恵が進歩して、技術が進み生活が豊かで便利になる状態。
文科：理工系以外の文学部・法学部・経済学部・商学部などをまとめた呼び名。

(問題)

(2) 政治・倫理・人権・民主・自由の用語説明。

(解答)

政治：社会を住みやすくするために、国や地方の大きな方針を決めて実行すること。
倫理：人間の実際に行うべき道・道徳、人の守るべき行いの標準。
人権：人としてだれでもが共通に持っていて、犯すことのできない権利。
民主：主権が国民にあり、国民全体の利益をもとに国民の意見の多数決で政治を行うこと。
自由：①自分の思いのままに。②じゃまされないこと。制限を受けない行為・活動。

◆ 第2章 ◆

人間の知能と脳の働き

2-1　最新の人間の身体解析

2000年、NHKの年頭シリーズ番組で、BBCの海外ドキュメンタリー『未知なる生命・ヒト』が放映された。そのキーワードにおいて世界中の全ての人類に共通していることは、物を食べ呼吸しながら生きることで、胎児が母親に遺伝子をもらって発生した時から年老いて死ぬまでの各年代における生命の神秘の驚異と、数百万年の生物の環境に応じて進化した過程を探るため、最新のテクノロジーを駆使したサーモグラフィーとMRI（磁気共鳴断層撮影装置）で撮影した、数百枚の画像を立体的に再構築して、身体の内部の細部を拡大し映像化して、さらに各年代の人の考え方を紹介する番組であった。

2-2　人間の頭脳の特徴

その特記すべきことは、生物はそれぞれに発達した優れた感覚と本能をもち、小脳相当部分でコントロールされているが、人間の特徴は大脳が大きく発達していることで、人が摂取したエネルギーの1/5を脳で消費し、意識しないで生命を維持するための困難な仕事を含み、人間の総てをコントロールするのが脳であり、人間の胎児は生物の進化の遺伝子のプログラムにしたがって成長し、出産から6ヵ月で自分の意思で手足を動かすようになる。2歳までの発達で幼児として1日10個の言葉を覚えこれを組み立て、自分と他人を区別し、自己主張するようになるという。4歳程度で人間関係を理解し知能の高い幼児ほどウソをつき、弁解するなど、他人の心を理解できるようになり、少年期・思春期を経て成人になる。

その過程の中で4歳までの生活環境が人間形成で最も大切な期間になるといい、この番組で解明できない人間独特の神秘現象は、感情をもちその感情の状態で涙を流すことであるというが、宗教と頭脳の働きの関係は触れられなかった。

2-3 右脳と左脳とはどう違う

　人の大脳皮質はその外観が右側も左側も同じで、一見、左右対称のように見えるが、その働きは大きく違っている。昔は左大脳半球を優位半球、右大脳半球を劣位半球と呼んでいた時代があった。その理由は第一次世界大戦で脳に傷を負った兵士の研究から、左大脳半球の言語中枢野が破壊されると、全く言語が喋れなかったり、あるいは言葉を理解することができなくなったりした。ところが、ほぼ同じ部位に当たる言語野に相当する右大脳半球の部分に傷を負った兵士には、何ら見るべき変化がないので、右大脳半球は守備的なスペアの脳であって、左脳が大切であると理解されていたためであった。

　しかし、現在では右脳と左脳は全く違った働きをしていることが明らかにされている。左脳は、主として言語、論理的、計算的。一言で言えばデジタル的な脳で、それにひきかえ、右脳は、非言語的な図形あるいは映像処理、空間認知、情緒的であって、数式数学に置き換えることが大変難しいことを処理している。強いて言えば、左脳のデジタル型に対して右脳はアナログ型といえるという。

　最近はコンピュータの進歩が著しくその発達に伴い、コンピュータが人間の脳を超えられるのではと考える人もいると思われるが、コンピュータは「大いなる左脳」で、すべてがデジタル処理であり、非言語的なものを扱うのは不得意手である。例えば、道の真ん中で20年振りに同級生に会った時、人間は「いやぁ、久し振りだね」と一瞬のうちに、数百人、数千人の人間の顔の中から判断することができるが、コンピュータにそれをやらせるのはほぼ不可能である。このように時間を超え、空間的なことを一瞬に判断しているのが右脳であって、人間が最も人間らしい判断力、高次の知的機能を発揮するには、実は右脳の方が左脳よりはるかに優れているのである。

2-4 人の性質の違いを活用

　人の性質は大きく分けて"人間は遺伝的に精密な性質のデジタル型と大雑把な性質のアナログ型があって、成長するにつれてその特徴を表すという。各人の性質に反した考え方や業務処理は不得手で、自分の性質と違った人の性質を批判して、性質の違いや業務処理の違いを理解しようとしない。とくに企業の管理者は部下の性質を理解して、その特性にあった職務を与えることが大切である"という。

　人間が事象を直感的に判断したりイメージができるのは、右脳の働きでそれに関する知識のネットワークが経験によって形成されているためであるという。人は遺伝的にアナログ型とデジタル型と、たまに左右の両脳とも発達している人もいるが、左右とも発達した人は博学で物事にチャチャをいれるがまとめる能力に欠けるといわれている。

　一般的にデジタルタイプの人は、日常の業務は几帳面で、部下に対しては重箱の隅をつつくような厳しい指導をし、目先の業務を的確に処理する秀才と評価される人である。その反面、マクロ的にはピント外れのことがあるが、それを自覚していないようである。

　それに対してアナログタイプの人は、日常の考え方が大雑把で目先の業務の細かな業務処理が苦手であり、小さなミスは多いが大局を見誤ることが少ないようである。すなわち半歩前を主張すれば秀才で、三歩前を主張すれば異端者扱いにされるのが現実である。

　自分がアナログ型か？　デジタル型か？　自分の性質をよく理解し、その特徴を活かすことが大切である。デジタル型の文献タイプの人でも、現象論的な文献か？　博学的な部分知識の羅列の文献か？　は、意識すれば区別できるはずで、デジタル的な文献派の人が、ピント外れのない有効な文献のみを選択吸収できれば「鬼に金棒」である。

2-5　経験からのコメント

　筆者は左脳の脳出血で右側手足と左脳に後遺症があり、今でもビデオのGコードを無意識に操作ができない。脳出血で入院中にはイラク問題などいろいろな事件が起きていたが、新聞の字は読めても記憶力がなく記事の内容は読み取れないのに、専門の電気雑誌ＯＨＭの記事の内容は比較的簡単に読み取れるのには不思議に思った。

　脳出血で破損した脳細胞は回復不能であるが、最近は右脳の機能が非常に活発になった気がする。それも二種類の脳循環・代謝改善剤の服用の効果と思っていたら、最近になって薬の効果なしと投薬中止になった。しかし、自分の経験からの提言は"頭脳の中には現象論的な知識のネットワークは簡単に形成されず、折角の部分的な知識も関連性がわからないので10を聞いても1が覚えられない。それでも繰り返し努力すると、しだいにネットワークが形成されて1を聞いて10を知るようになり、ネットワークの構成がますます緻密になる。

　このネットワークは老化しても、そのキーワードは消えないようであるが、ネットワークが形成されてない時の知識はしだいに薄らぎ消えて行く"とコメントしている。

2-6　人間に期待する頭脳

　戦時中の戦闘機（零戦）搭乗員の生き残りで、無条件降伏の敗戦後の精神的に混乱していたころ、キリスト教会の夏期講座や講演会などに通って、唯心論と唯物論や社会の愛について真剣に考えた。当時の結論として宗教は神様や仏様を信じ、死後の天国や極楽ゆきを期待して、周囲の人々に愛で対応する崇高な精神は評価するが、"主人は奴隷を愛し、奴隷は奴隷として主人を愛せよ"の現状肯定の前提にはついて行けず、唯物論的に人間は頭の中に神を瞑想できる動物で、それを前提に弱肉強食の生物の環境対応から、人類の神秘や社会の争いの

実態を観察して判断する頭脳をもった生物と悟った。

したがって、神を信じる人間の弱さを肯定しながらも唯物論に徹してきた。奈良の大仏の観光でも仏教の遺跡という感覚ではなく、当時の技術者や労務者の搾取が連想されて、"宗教はアヘンなり"として、神社・仏閣などにおいては他の参拝者の雰囲気を壊さない程度の会釈はするが合掌はしない。葬式などではその宗教のしきたりを尊重している。

ベトナム戦争は、共産勢力の拡張阻止が目的であったが、当初、南ベトナムでキリスト勢力政権の仏教徒弾圧に対しての反政府運動であったが、フランス植民地時代からの解放戦線がアメリカの北爆対応で、南ベトナムにも解放戦線が拡大し、アメリカがカンボジアまでもベトナム戦争に巻き込み、それに対抗してプノンペンをポルポト派が制圧して、親アメリカの200万人の市民に強制退去を命じ、反対する市民は虐殺し、退去の市民は北部の農地開墾にと、新人民として区別され過酷労働・疲労で大量死した。その虐殺を逃れた元幹部がベトナムに支援を求めベトナム軍の侵攻でプノンペンは陥落したが、そのために中国側からの広域の北部侵攻にあった。それらの戦闘で国土が廃墟化したベトナムは、その後20年間も世界から経済封鎖されてきたが、最近のベトナムの指導者は、アメリカや中国に対して小国の立場を意識してか？　自国の主張はせず極めて控えめな対応のようである。

現在でも宗教問題は、キリスト教・イスラム教・ユダヤ教など、各地の国家間の武力闘争に発展しており、国内的にも大小の宗教集団でそれぞれ問題を起こしている。戦争や殺人に発展する宗教問題は、いずれ人間の頭脳を科学教育による洗脳が必要になるが、地球環境問題の緊急度からしても、無知・殺戮・人口の爆発・飢餓の問題を感傷的な人道主義の食料救済のみでは本質的な救済にならず、むしろ地球環境問題に逆効するので、次世代の指導者を期待した子供の教育援助や、過去の無計画な投資の負債の軽減や開発指導に限定して、指導者の無謀な殺戮・飢餓などの問題は、自然生物の摂理と割り切って目をつぶり、現在の指導者の自覚を待って、逆効果を防ぐのが最適ともいえる。

◆ 第3章 ◆

20世紀の科学技術

3-1　科学技術の理念用語の解釈

　科学技術分野の発達で技術部門も多くなり、人間の生活を良くするための物質面からのアプローチである工学も、各技術分野ごとの独特な知識を科学的手法で体系化している。その技術分野の分類と運用について定めている、わが国の技術士法を参考にすると、技術士法は『技術士等の資格を定め、その業務の適正を図り、もって科学技術の向上と国民経済の発展に資することを目的とする』と定め、「技術士」とは、科学技術（人文科学のみにかかわるものを除く）に関する高等の専門的応用能力を必要とする事項についての計画、研究、設計、分析、試験、評価またはこれらに関する指導の業務を行う者をいう』となっており、その技術分野は19部門で各部門の選択科目は八十数科目に分類されている。

　これらに共通する「科学」「技術」「技能」を『原理原則を追及する**科学**』＝ミクロ的な個々の研究、『科学を経済的に実用に供する**技術**』＝マクロ的なシステムの調和、『技術を効率よく具現する**技能**』＝ミクロの精通、という解釈で、さらにそれらの業務に関連する役割を、『技術者』＝創造的な非定型（新しい業務）、『技能者』＝効率的な定型業務（伝統業務）と分類して考える。

　アメリカのように多民族、義務教育の不徹底な状態でのホワイトカラー、ブルーカラーのような区別はできない。単一民族で義務教育が徹底している日本では、この不明確な実態を、上記のように理念的に役割分担を的確に分類しておかないと、合理的な新しい感覚は生まれないようである。

3-2　科学技術の起源

　人間の祖先は約200万年前からといわれており、原始時代から人間が道具をつくり、進化してきた土木・建築技術は数千年前から発達し

て、生活を豊かにする労働を通して人間社会が形成されてきた。牧畜、農業、手工業、紡績、製陶、鉱山と、都市においては宮殿、寺院、城壁などの建築技術や軍事技術が発達した。

このように人間の経験的な知識が多く蓄積されて、経験的な認識から体系的・普遍的な認識へとその体系化が前進し、その法則化・普遍化と自然、道具、機械、装置、原料、材料など高等な精神的労働へと進化し、さらにこれらの要素の運動が理論的に解明され、物体の力学が機械学や数学を中心とした様々の自然科学部門へと発展した。1690年の蒸気機関の考案が産業革命の導火線となり、1832年に選挙法の改正で産業資本家が進出し、その頃から電気現象の発見・実験が始まった。

3-3 三相交流電動機の出現

電気現象は科学分野の純然たる物理学で、電気現象の利用は1850〜1860年に電信技術は定着したが、電気エネルギーの利用は発電機が実用化されないため、電灯照明の発明は無駄になっていたという。1873年の万国博に直流の発電機、電動機、電力輸送の実験が行われ、1891年ドイツ万国電気博覧会で、三相高圧交流長距離電力輸送の実験が行われた。その後、電動機を基礎とする機械体系が飛躍的に発展し、1925年には産業革命を起こした蒸気機関をほとんど駆逐してしまった。それから75年、電気をエネルギーとして取り扱う電気工学は、電気供給設備機材のハードウエア部分と、そのシステム構成や運用管理のソフトウエア部門に構成され、科学技術は、人間の知識・経験・知能が大いに関係している。

3-4 コンピュータ技術の弊害

科学は物理現象、技術または工学は科学の経済的な体系化、技能は

経験や体で身につけるもので、科学未発達の時代は技術が体系化されておらず、徒弟制度で伝承する技能に近いものであった。20世紀後半の技術革新によって技術が誰にでもわかるように体系化、規格化され量産されるようになって、科学者と技術者の立場が逆転したといわれている。

しかし、企業の技術者たちは専門馬鹿で、最近はコンピュータ過信の傾向が強いが、コンピュータは端的に表現すれば計算の道具であり、技術における経験の要素を省略しているため、前提条件やソフトが間違っても業務のカンが働かないので、巨大システムになればなるほど、危険が増すため実務的な経験の蓄積が必要である。

さらに、最近のようにパソコンゲームやインターネットの電子掲示板などに、人生の経験の蓄積がない優れた少年が興味に没頭すると、人生経験そのものが狂う可能性があり、最近報道の『17歳の衝動』～何が"殺人"に駆り立てるのか？　の要因にもなっている。

3-5　21世紀の科学技術

科学技術は、これまで切り開いた技術革新によって、複雑な未解決の問題を抱えながら世紀末を迎えている。自然の原理を求めて数学的抽象化の道を突き進む理論物理学。物質の究極像に接近して直接的検証が絶望視される高エネルギー物理学。生命の遺伝子決定論によって経済的動機が動かされ突進するゲノム・遺伝子の解読に邁進する生物学。巨大な観測装置を手にし、宇宙史の解読を目前にして決め手を欠く宇宙論。ヒトの「意識」の解明を合言葉に研究が展開される脳科学。21世紀の科学はこのような状態で進行するだろうと予測されているが、科学・技術者の専門馬鹿が全体視野を失わせ、社会や自然に種々の問題を引き起こす元凶として、20世紀の科学技術が社会的に生みだした数々のやっかいな問題群が、未解決のまま21世紀に持ち越されるのが実態である。

第3章のビデオ要約記事

1. 20世紀をつくった科学技術　3回シリーズ
　　　　　　ＮＨＫ・ＥＴＶ特集　　　1995年4月17～19日放送

第1回　頭脳を持った機械
　科学発達の過程は、次の4段階に分けて考えることができる。
　　　　第1段階…コペルニクスの地動説…1530～1822
　　　　　　　　300年間争われ発表解禁。
　　　　第2段階…ダーウィンの進化論……………1858　　130年前
　　　　第3段階…フロイトの無意識の発見………1896　　90年前
　　　　第4段階…頭脳を持った機械………………1990　　今世紀

　19世紀の始め、バベッシの歯車を組み合わせた機械式の相当高度な計算機が作られており、現在の計算機の原理も設計されていたが、それを実現する技術が当時はなかった。

　戦後最初の近代コンピュータＥＮＩＡＣは全長25m、5,000本の真空管、数千本の入力コード接続に数日を要し、入力データにはパンチカードが必要であったが、それまでの計算機の1,000倍の能力があった。

　1958年アメリカ空軍の大型コンピュータＳＡＧＥには、ディスプレイやメモリーの機能が追加され、リアルタイムの表示と必要時に必要な情報のみを取り出すシステムが確立した。

　1960年代には真空管よりトランジスタにとって代わり、小型・高速でゲームができる、現在の原形ができあがり、1969年キーボードマウスの出現、1971年マイクロプロセッサの誕生で、シミュレーションの実験データの最適値を入力した電化製品が一般化されるようになった。

　1980年代になって、人間に易しいコンピュータ（コンピュータには非常に難しい）を志向して、人間の思考を助ける方向に使われ、論理手法をコンピュータが肩代りするようになり、限りなく人間に近づく

と人工知能の研究が盛んになったが、自動翻訳機などコンピュータでは易しいと予想されていた分野は非常に難しく、日本語ワープロも素晴らしい威力を発揮するが完全な機能ではなく、論理手法のデジタル処理のみでは限界があるとして、人工知能の頭脳系より人体系の動きの研究と変わり、また、コンピュータグラフィック（CG）やバーチャルリアリティ（VR）の手法で人工生命の研究にと変わってきた。

カメラの前の人の素振りを見て細かく行動する犬のCGや水族館のCGの動きは、魚の泳ぎの筋肉の動きと周囲の動きの単純な関係の法則のプログラムで、本当に意識を持った生きた魚のように行動する。これらの実験中に偶然発見したループの法則で、単純なループの法則をコンピュータに与えると自動的にシステムが予測しない方向に増長・拡大・増殖するという。

コンピュータには高速のシミュレーションで適合するもののみが生き残って進化する機能があり、そのCG中に突然変異の条件を与えると、それに沿って高度に次々進化していくという。まさに、頭脳を持ったコンピュータ、意識を持ったコンピュータである。来世紀の科学、来世紀のコンピュータの頭脳と人間関係は、どうなっているだろうか？

第2回　分子設計の誕生

昔の人は病気や怪我の時の処置は、動物の習性や先人の経験的な生活の知恵で、漢方医学的な処方を確立してきた。18世紀頃より細菌が人体の外部から侵入して、大量の人が死亡するようになった。20世紀の始めに、初めて青かびの黄色成分が魔法の特効薬として発見され「ペニシリン」と名付けられた。

当時、青かびからペニシリンを精製するのが少量で一般に普及せず、1944年英国チャーチルの肺炎がペニシリンで治ったことは有名である。戦前戦後を通じてこの「なぜペニシリンが病気に効くのか」の研究が続けられた。

コンピュータの発達でX線結晶解析器が出現し、ペニシリンの分子構造が解明されてこの抗生物質の合成に成功して大量に生産されるようになった。さらにペニシリンの分子構造の簡単な基本構成の「ペータラクタム環」に様々な分子が結合すると、それぞれ違った抗生物質が合成されることが明らかになり、多くの抗生物質が作られた。

　当初の抗生物質は、胃酸で変化するので口からの服薬ができず、注射によって行われていたが、酸に強い構造のものに置き変えられた。さらにペニシリンより強力な「アンピシリン」が開発された。この様にコンピュータ操作によって、複雑な分子構造を論理的組合せで分子を操作して、次々に強力な抗生物質を作ることができるようになった。

　1960年代になって、今まで黄色ブドウ球菌をはじけるよう死滅させていた抗生物質が効かない「MRSA」が出現した。これは、細菌に薬が効かなくなる「耐性化」で、細菌でも遺伝子レベルで生き延びようとする力を持っており、抗生物質に耐えられるように突然変異した遺伝子が生き延びて進化するもので、人間の「MRSAに効く抗生物質の発見」と「細菌の耐性化」のいたちごっこが当分続きそうである。

　それでも、ほとんどの病原菌は征服され、これらの「外因性」の死亡が少なくなって、現在の日本の死亡率の状態は「内因性」ガン・高血圧・老衰などで、これも遺伝的な遺伝子に起因すること、生態系のメカニズムまで解明して遺伝子組換などが研究されている。さらに生命の神秘・人間の心の問題・頭脳の研究へと、21世紀は生命の科学として人間を操作する方向にも進む可能性があり重大である。

第3回　爆発する情報

　今世紀の始めは、情報伝達の方法は郵便・電信・電話に限られていたが、1960年（昭和35年）にコンピュータの登場により国鉄の座席予約システムが、コンピュータと専用回線を結んだ通信ネットワークで実現した。それまでは東京と大阪の座席予約センターで予約券1枚の処理に30分ぐらいを要していたという。今では各駅の緑の窓口・旅行

代理店の店頭でオンラインで予約できるようになっている。

このように現在では、電子メール・電子図書館・金融機関のオンラインネットワーク処理、救急車と地域の病院をコンピュータと無線通信で管理するシステム、地域店頭に分散している自動販売機を電話回線を通して管理するシステムなど、サービス産業を含めた情報通信システムの事例には暇がない。

1960年代の後半、アメリカ国防省が、敵の攻撃で情報管理の中枢機構が破壊されないようコンピュータネットワークの分散処理システム「ターパネット」を採用した。その国防技術の民間への移転として、パソコンネットワークとパソコンネットワークを世界のネットワークとして結んだ『インターネット』を完成させた。

「インターネット」と自宅の電話でパソコンと結んでいるのが、現在160ヵ国、500万台、4,000万人といい、英国大学の「サイバーカフェ」の「インターネット」使用料金は30分 350円で世界にアクセスできるという。これによって距離と空間を超え意思と意思の疎通が図れると、いままで「自分の意見を発表する場所が無かった」パソコンマニアのパソコン通信を利用して「発表する人」、それからの「情報を期待する人」と、夢のような期待でその目的がはっきりしない。世界の知恵を集めると「インターネット」で民間有志の国際会議が開かれているという。

(感 想)

※科学の歴史はほぼ100年、文化のような伝統はないが先駆者たちの努力によって発展してきた。技術は人間の知恵の実現手段として古くから発達してきたようであるが、科学の発展にも対応している。技能は繰り返しの努力で身につくもので、伝統文化などの維持のために人間国宝などとして重宝されている。科学はミクロ的な現象解明の積み重ねで、級数的に広い範囲に発展進化する性質があり、それに対応する技術は常に未知への挑戦が宿命で技能は定形業務、技術は発展のた

めの非定型業務と定義しても誤りはないようである。
※無線技術振興のための資格、アマチュア無線の同好者同志の交信のようで災害時の通信手段としては活躍しているが、「インターネット」はアマチュアと専門家が混在しているようである。世界のネットワークに拡大しても「言葉の問題・情報の機密性・コンピュータウイルス」などの問題には全く論議なしで、「爆発する情報」のタイトルには「インターネット」としては非常に不満がある。
※'95版の［imidas］で、情報に関する記事を見ると、コンピュータ、コンピュータグラフィックス、情報科学、人工知能、認知科学、および情報・通信産業、ニューメディア、ＯＡ・ＦＡ、サービス産業などの項目に対して『20世紀を造った科学技術』として『爆発する情報』が「的確なタイトル」であるともうなずける。

2. 現代文明が安全を脅かす

　　　　　　　　　　　　　ＮＨＫ・未来潮流　1998年　放映

　我々は生活が安全で快適を望んでいるが、突然暴走のハイテク技術に莫大な人命が失われている。現代の文明が生みだす危険の問題点を事故・医療・環境に分けて検討する。

Part Ⅰ　事故　＜巨大システムの安全＞
　航空機事故は、事故に学ぶ姿勢が安全のヒントで、日本では国際民間航空機構のルールにしたがって、航空機事故調査委員会が組織され再発防止のため原因究明をするが、警察による責任追及が主体である。アメリカではリポートの免責で多数のデータが役立っている。
　航空事故は高度かつ複雑で人間と機械の限界になっている。ドイツでは自動車事故に救急医師が同乗したヘリを全国に配置し、死亡者を従来の1/2に減らしている。

Part Ⅱ　医療　＜最も個人的な安全＞

　事故や病気のとき、高度に発達した現代の医療技術は死の淵から蘇らせてくれる。その中で安全の意味が問い直されている。何が人間の死か？　脳死・臓器移植、遺伝子検査で胎児の障害確率の問題。医療現場では安全の問題を論ずる雰囲気になく、安全は医療に危険な印象を与えるタブーなことで、何がなんでも生命の延長が基本で本人の意思も無視されているが、『ガン』で治療を拒否する人が精神的に安らかに死ねる『ホスピス』病院も現れているが、安らかな安楽死を望む人も多い。

Part Ⅲ　環境　＜地球環境の安全＞

　1970年代における公害問題は、日本の場合、①行政手法、②技術的手法で克服してきた。80年代からは地球規模の環境問題に拡大し、文明の進歩と人口の爆発的増加による大気の異変は、今までの手法では対応不可能で、長い地球歴史で地上生物の生きる環境を形成したオゾン層を瞬間で破壊しそうである。今までの『経済と進歩』を追求した価値観を、21世紀は安全の立場の環境倫理で現代文明が問い直されている。

3．インターネットの情報セキュリティとサイバーストーカー
　　　　　ＮＨＫ・クローズアップ現代　　1997年5月26日

※『20世紀をつくった科学技術』の"頭脳をもった機械・分子設計の誕生・爆発する情報"シリーズの感想に、「インターネット」はアマチュア無線と専門家が混在しているようである。世界のネットワークに拡大しても「言葉の問題・情報の機密性・コンピュータウイルス」などの問題には全く議論なしで、『爆発する情報』のタイトルには非常に不満と述べている。その関係で"クローズアップ現代"の最近の放送からインターネットのウイルスを取り上げた。

(1) 急増する電子メール感染……「新型コンピュータウイルス日本上陸」…

"ある日突然コンピュータ画面や文字が崩れだし、コントロールが利かなくなる"これが感染の症状でデータやプログラムを書き替えたり破壊したりする。

今までのウイルスはフロッピーディスクを通じた感染だったが、最近のウイルスは全世界のネットワークを舞台に今までにないスピードで感染する新型である。その特徴は、①突然コンピュータに侵入してくる。②国境を越えて感染する。③爆発的な感染力。④退治してもまた出現する。ワクチンソフト対策が問題になっっいる。

(2) 暗号を売り込め……「軍事技術が電子技術の表舞台へ」……

世界に広がるインターネットがスパイやデータを破壊するハッカーなどが自由に暗躍する舞台になるのではと懸念されている。個人のプライバシー情報や企業の極秘情報が、何者かに盗み見られたり書き替えられたする事態が発生している。

情報のセキュリティは個人や企業ばかりでなく国家でも重要で、これを防ぐ手段として世界の企業が暗号の開発や販売にしのぎを削っている。もともと暗号は軍事技術で密かに研究されてきたものである。

(3) 電脳ストーカーがあなたをねらう

利用者が増加しているインターネットの世界では、サイバーストーカーという悪質ユーザーが暗躍している。例えば"特定女性を暴行すれば懸賞金がもらえる"、本人になりすまして"薬物中毒であるから僕をクビにして欲しい"などの犯罪になるようなメッセージが出されており、個人の安全確保が問題になっている。

サイバースペースでは発信者の実名を出さなくても個人の識別番号とパスワードで世界の人々と情報の授受ができる。サイバーストーカーはこの特性を利用しているので、その発信源つかむことが難しいという。法規制も文化の違う国々のコンセンサスを得るのは相当先のこ

とであり、現状では自分のプライバシーは、自己責任で自衛する以外にないという。
※世界の学術研究者のためのネットワークを、問題点を検討せずに、一般に解放したための問題である。

4．姿なき侵入者を追え　～急増するハッカー犯罪～
NHK・クローズアップ現代　2000年4月27日

　厳重な警戒態勢に守られたホワイトハウスのコンピュータに、外部から何者かが侵入するという事件が昨年5月に発生した。クリントン大統領の発言や政策などを知らせるHPが12名のニックネームのハッカーグループから遠隔操作で一瞬のうちに書き替えられた。ただちにFBIが捜査を開始した。このグループはホワイトハウスを襲う前から政府機関や企業・海外のHPを次々に書き替えていた。その数は100以上になっているBLOBFL HEII は、そのセンターもインターネットで公表している。その手口は経路を複雑にして追跡を避けるため、無関係のコンピュータを多数経由して目標のコンピュータに到達し、その通信記録（ログ）を消してしまうため、捜査不能で打ち切るのがほとんどだという。

　ちょうどその頃、ラスベガスで全米のハッカーたちが集まる年1回、7回目の大会が開催されている。会場では1,500人のハッカーの侵入技術を競うコンテストが行われており、コンピュータへの不正侵入は違法行為であるが、ハッカーたちには罪の意識はほとんど無く侵入への挑戦やゲームであるという。大会には政府関係担当官が乗り込み、侵入行為を止めるようハッカーに"コンピュータへの侵入は知的挑戦であり、逆に我々にシステムの弱点を気付かせているといっているが、君たちが外国の組織に協力すればアメリカの安全保障が脅かされることになる"と、これに対してハッカーは"アメリカのコンピュータでなかったら侵入してもよいというのか"の反論に大拍手である。ホワ

イトハウスの問題はＦＢＩの捜査で膨大な書き替えられた中の恋文から、アメリカのハッカーの一人が特定されて、1年3ヵ月の刑に服しているが、そのハッカーは恋文は大失敗であったが技術的には絶対といっている。他の11名は特定不能で、ＦＢＩでは未解決の捜査は800件以上になっているという。

その他、アメリカでは30万人分のクレジットカード番号の公開事件や、インターネットでビジネスを展開する企業のサービス不能の一斉攻撃で、目標コンピュータをパンクさせる事件が多発している。

日本でも中央省庁のHPの書き替えで不正アクセス禁止法が施行され、その対策検討で間接的にも、インターネットに関連していれば公共設備やプラントにもハッカーから侵入されると、その対策技術の開発が急がれている。

※ 2000年5月6日の新聞報道見出し、"魔の恋文"被害4,500万台？コンピュータウイルス「I LOVE YOU」のメールで感染フィリピン発か、国内でも2万7,000件を確認。

【問題】

(3) 科学・工学・技術・技能・給仕・労役の用語説明。

【解答】

科学：一定の方法のもとに、対象を組織的・系統的に研究し、実験し、調査する学問。

工学：物理・化学などの理論を工業生産に応用するための学問・技術・装置。

技術：理論を実際に応用する手段や仕方。開発など新しい非定型業務を処理する能力。

技能：技術を仕事などの上に表す腕前。定型業務を速やかに処理する能力。

給仕：そばにいて業務の雑用を処理すること。

労役：ほねのおれる役務に服すること。

【問題】

(4) 電気設備工学について説明せよ。

【解答】

　電気をエネルギーとして取り扱う電気工学は、電源系統から負荷端までの電力供給設備をシステム的に解析すべきであるが、電源系統の電力会社は大組織のため各部門がそれぞれ独立し各部門の協調が失われている。需要設備に関連するものに内線規定があるが、これは技能者を対象とした制限規定の形になっており、最近では今までと違った新たな技術的課題が多く発生している。こうした需要設備を対象とした電気設備工学が必要である。

◆ 第4章 ◆

電気工学の発達

4-1 電気現象の基礎知識

4-1-1 電気現象解析の複素数計算

"電気工学は数学である"と極言する人さえあるほど電気工学に数学が利用される。電気工学の基礎をなす電気磁気学・電気回路論をはじめ、我々に関係の深い送配電工学・電気設備工学でも、電気工学の現象理解のためには電気数学が必要である。電気工学によく使われる数学は、相当広い分野にわたっているが、電気現象を表す数式は言葉の一つの表現形式であり、式は一目瞭然、特性を表し現象を掴ませる便利な記号であり言葉である。したがって、人は数学の表現がわからない事象に拒否反応を示し、それ以上の高度な技術の向上は望めなくなる。

電卓が一般化するまでは、複素数計算の平方根処理が簡単にできなかったので、規格の計算式や初歩の電気工学には、複素数計算が敬遠されていたようであるが、現在では電卓と言えば、必ず平方根の計算ができるようになっており、解析の難しかった"ひずみ波"の高調波分析の携帯用高調波分析器も市販されるようになった。

我々は数学者や電気工学の学者ではなく、電気技術者であるので数学の表現とそれが意味する現象の感覚が対応しないと意味がなく、全ての電気現象を数学で理解しようとするのではないが、電気現象特有の有効分・無効分を表す複素数と、微分・積分の概念程度までの数学処理を身につけないと、電気工学を理解し処理することはできない。

本書の出版の動機は、高調波現象の問題で、電気設備学会の論文誌査読委員の掲載拒否理由に、$P = P(\cos\theta + j\sin\theta)$ は誤りと指摘されているが、複素数計算の知識があればベクトルの$(\cos\theta + j\sin\theta) = 1$になることがわかるはずである。

ベクトル解析や対称座標法などの運用になれていても、％インピーダンス法などの運用が不得手のために、高調波現象が解析できずに電気工学の空洞化が起きている。

4-1-2 いろんな現象に共通する逆自乗の法則

電気工学の基礎となる電気磁気学は、割合に理解しにくい学問と考えられがちであるが、その理由の一つには、電気あるいは磁気は直接我々の目で見ることができぬという点にある。目に見えぬということは抽象的に考える必要があることで、具体的なものを考えるより数式に頼ることが多くなる。これを免れるにはまず最初に極めて簡単な現象を取り上げて、それを十分に理解し明確な概念を把握して、次にそれより複雑な問題に取り掛かるようにするのが良い方法と考えられている。

その意味で、最近の電気・電子工学では省略されているようであるが、三次元のベクトル解析をわかり易い二次元の複素数の均等現象として、古い電気工学では十分理解している、『照明の点光源の逆自乗の法則』で光束を考え、その光束密度で法線照度求める概念で電界現象を考える。

(1) 電荷（自由電子の集まり）のクーロンの法則

電荷Qの発生は必ず正負等量で"真空中の二つの点電荷間に作用する、電気力は両電荷量の積に比例し、両者間の距離の自乗に逆比例する"光源との違いは電荷が「正負等量」であるから、正電荷と負電荷のそれぞれ電荷からの、逆自乗の法則による電気力線を考え、電気力線密度の積で、正電荷と負電荷に作用する電気力を求める。

(2) 静電誘導

電荷の電気力を及ぼす空間を電界という概念で考え、各電荷からは逆自乗の法則にしたがって、電気力線が放射されたものと想定し、その電気力線の密度、方向によって電界の強さ（E）や性質を表している。電荷からその大きさに応じた、連続的な誘電束が逆自乗の法則にしたがって放射され、その誘電束が貫通する金属体や絶縁体の誘電束

密度(D)から、各部のD/ε=Eとして電位傾度dV/drを求める。このdV/drが電位分布を表すもので、電気工学の機材の絶縁劣化や絶縁破壊など、絶縁協調の基本となるもので、その概念は電荷からは、逆自乗の法則の誘電束の放射で、電位傾度の分布を空間に想像できる。E=D/ε……D=εE……D/ε=E=-dV/dr

(3) 広い2枚の平行金属板からの誘電束の放射

点状と見做されるものからの放射現象には、光、電荷、磁極、音源などがあり、点電荷からの誘電束は、逆自乗の法則にしたがって放射するものと考えたが、コンデンサのような広い2枚の平行金属板からの誘電束は、対向する広い2枚の平行金属板の正負の誘電束が、ともに相手の平行金属板を貫通して放射されるとし、正負の誘電束を重畳して考えると、2枚の平行金属板の外側は1/2の正負の誘電束が打ち消し合って0になり、内側は+Σρ側から1/2+1/2の誘電束が出て、-Σρ側で収束することになる。

(4) 線状導体からの放射現象

線状あるいは円筒状の導体からの放射現象は、電線やケーブルの導体を想定すると、単位長さからの誘電束の放射源は、導体中心から距離rの誘電束密度は、導体の中心からの同心円筒状の空間を考え、単位長さ当たりの誘電束数を、単位長さの半径rの同心円筒状の面積で割れば求まる。

このように導体の形状による、電荷による誘電束の放射現象を考え、その誘電束密度(D)から誘電束の通過する物体の誘電率に応じて、不連続な電気力線を求め、その電気力線密度から、電界の強さ(E)および電位傾度dV/drと、導体の形状や周囲の誘電体の性質から、絶縁協調の基本である絶縁劣化や絶縁破壊の問題点が理解できる。

4-1-3　静電気現象

静電気発生の基本的な考え方は、異物質相互の摩擦によって正負に分離した電荷Qが外力によって引き離されると、正負帯電体間の静電容量Cが小さくなるため、外力が電位Vの形に変換されて、数kV～数十kVの高電位になるものと考えてよい。

すなわち、V＝Q/Cの関係があり、電荷Qが正負の吸引力に逆らって、外力で引き離されると、QはそのままでCが小さくなるのでVが大きくなる。この正負帯電体間の絶縁抵抗Rによって、（V/R＝i＝dQ/dtによって、）電荷Qが放電するので、帯電体の電位上昇の限度は、帯電体間の絶縁抵抗によって支配されることになる。この絶縁抵抗は電位が高くなると、コロナ放電や火花放電などの気中放電現象も伴うので、静電気現象では空気の絶縁抵抗も、無限大としては取り扱えなくなり、電位も無限大に上昇することはない。

静電気の発生要因としては、自然現象の雷雲をはじめ、石油類、高分子材料、化学繊維などのような、絶縁性の高い物質の摩擦によって電荷が発生し、連続的に電荷が発生する場合および帯電体の静電容量が大きい場合は、電荷間の絶縁破壊による放電エネルギーが、人体にショックを与えたり、爆発物質の着火エネルギーになったりする。また、正負帯電体相互間には、吸引力が作用するので、これが静電気障害の要因となることもある。

一般的な高電圧現象としての静電誘導による電位、または電荷の移動については、生産設備などにおける静電気障害事例と区別して考えるのが適当である。

4-1-4　自乗の和の平方根の実効値

交流回路の実効値は、日常のA・Vなどの実用単位で、交流回路の『瞬時値の自乗の和の平方根』（r，m，s）であり、高調波回路の電圧・電流の実効値も、実効値で表した各調波の電圧・電流の『自乗の

和の平方根』である。このように周波数の違う、電圧フリッカ・騒音・ノイズの合成にも『自乗の和の平方根』が適用できるが、電子工学や無線工学のように、量表現に10進法によらないでｄＢが用いられると、騒音の合成やノイズの合成も、音圧などに分解して『自乗の和の平方根』を適用する必要があり、常用対数×20の比率のｄＢでは、高調波の実効値のように、単純に『自乗の和の平方根』として取り扱われない。

4-1-5　電気・電子の学問的不整合

電気物理としての電気工学と電子工学は、共通点もあるが、本質的に現象の捉え方が違うため、戦後、自動制御理論の発達で生産現場などでは、電気と計装が現場操作盤などで、プラントの電気・計装のインタロックや動作表示が必要であったが、電気と計装では表示の基準が違うので、その表示を赤・緑・白・黄・青・オレンジ・無色と使い分けていた。現在でもテレビやエアコンの家電機器のＯＮ：緑、ＯＦＦ：赤の表示の違いに気付いていない人が多い。

電子工学や無線工学のように、量表現に10進法によらないｄＢで表現すると、電気工学と電子工学で混乱が生じ、さらに電子工学では、絶縁協調や零相電流という概念がないようで雷サージと雷ノイズの性質の区別がなく、電磁誘導も2本配線のノルマモード・コンモンモードとの表現で、電気工学の1～4本配線の多相交流や接地現象の概念がないようで、電気と電子の現象表現の意思疎通の障害になっている。

4-2　最近の新しい電気現象

4-2-1　電力・エネルギー分野における歩み

1. 電力系統技術：電圧安定度・系統保護・シミュレータ・配電自動化
2. パワーエレクトロニクス技術：直流送電・系統安定度
3. 送変配電用機器：ガス絶縁開閉装置・モールド変圧器・超高圧

　　　　　　　　　ＣＶケーブル
 4. **超電導応用**：発電機・エネルギー貯蔵・ケーブル・交流機器
 5. **火力・原子力発電**：ＬＮＧＡＣＣ発電・石炭複合化・改良型Ｂ
　　　　　　　　　ＷＲ・格納容器
 6. **新・省エネルギー**：太陽電池・二次電池・燃料電池・風力とＭ
　　　　　　　　　ＨＤ発電

4-2-2　電子・情報・システム分野における歩み

 1. **アナログ集積回路技術**：高周波信号、低電圧回路はデジタルで
　　　　　　　　　は役立たない
 2. **レーザ技術**：高出力・短パルス・短波長化、効率・寿命・高集
　　　　　　　　　積化・産業応用
 3. **医用生体工学**：埋込型人工臓器・生体情報処理・生体情報可視化
 4. **光ファイバ通信技術**：大容量化・無中継伝送距離・光アクセス
　　　　　　　　　システムの実用化
 5. **情報処理技術**：計算力の安価・強力な情報処理・多彩で実用的
　　　　　　　　　な問題解決手段
 6. **情報デバイスーＬＳＩ（高密度集積回路）の解放**：
　　　　　　　　　ＬＳＩ設計の解放による画像処理技術などの発展

以上に対して、電気設備の技術基準の今より7年前のOHM1000号の記事によると、"最近では技術基準面ではそれほど大きな問題もない"となっているが、これは科学技術に対する認識の問題である。1965年（昭和40年）の電気事業法によって30年の間に、電気設備に関する技術も、パワーエレクトロニクス・レーザ・コンピュータ・ＬＳＩ・ワープロ・無線通信・パソコン・マルチメディア・インターネットなどと大きく変革し、耐電圧や電圧変動に弱いマイクロエレクトロニクスの発達に伴い、情報・通信・制御などと、これらの活用で自動化・効率化・ＯＡ化・ＦＡ化と急速に発展しているが、これらに対応する新しい電気設備技術も高調波問題、サージ・ノイズ現象、弱電設備の雷

害対策、高層ビルの接地手法などと、現在の技術的課題は山積しているが、負荷設備に直結する電気供給設備として、電力会社と違った電気設備技術の役割を全く意識されていない。

4-2-3　エレクトロニクスの発展

1940年頃に、セレン整流器や亜酸化銅整流器が出現し、ゲルマニウム整流器の開発を得て、1951年に接合トランジスタが、1955年にはシリコンパワートランジスタになって、磁気コア式の記憶装置がトランジスタ記憶装置になった。トランジスタ発展から集積回路（ＩＣ）へさらにＬＳＩへとの移行過程に制御技術も発展した。ＩＣの基本は、集積された論理回路によるデジタル処理で、集積度の発展によってデジタル処理内容が高度化されたことにある。

当時、アナログ信号による電子管式調節計とリレーシーケンスによって、制御機能が構成されていたが、ＩＣ技術の進歩に伴って制御技術はコンピュータやＣＲＴ（ブラウン管）を導入した集中制御監視方式が一般化したが、依然として計測センサや自動制御機器は、アナログ制御方式が主流で、コンピュータを導入した集中制御方式も、アナログ制御機器の設定値を変更する制御や、コンピュータをシーケンサとして利用した制御程度であった。

1980年代になってＩＣの集積化が進み、演算機能を有するマイクロプロセッサや半導体センサ、A/D変換装置の出現によって、従来のアナログ制御を主体とする計測制御が、全面的にデジタル制御に変わり、ローカル制御もＬＳＩを使用した1チップコントローラなどが出現し、併せてＬＳＩを利用したデジタル信号伝送方式の発展で、従来の階層制御システムから信号伝送装置で連系された、分散型制御システムへと変わってきた。

さらに、ＬＳＩの発展によって演算処理機能が充実され、計測センサのインテリジェント化、制御技術の高度化によって、従来のフィードバック制御に加えて、学習機能を有した最適制御やシステム制御へ

と発展し、最近ではＡＩ機能やエキスパートシステムなど、センサとコンピュータおよび信号伝送装置が一体となって、ＦＡ化やＣＩＭ（コンピュータによる統合生産）化が進められているが、これらは、いずれの要素もＬＳＩの小型、低廉、高機能化の技術進歩に支えられている。

4-2-4 パワーエレクトロニクス発展

パワーエレクトロニクスとは、半導体バルブデバイスを用いて、電力の変換・制御および電力の開閉を行う技術と、その応用を扱う分野である。この分野を支える三つの大きな柱、電力エネルギー技術、エレクトロニクス技術、制御技術が相互の進歩を促しつつ、パワーエレクトロニクスは飛躍的に発展してきた。

1957年（昭和32年）に発明されたＳＣＲ（シリコンサイリスタ）は、今日のパワーエレクトロニクスのきっかけとなったが、残念ながらゲート信号によって、任意にオフすることができなかった。1970年代になると大容量自己消弧型の大容量バイポーラトランジスタ、1970年代後半にはＧＴＯサイリスタなどの自己消弧型デバイスが開発され、任意の時刻にベースあるいはゲート信号でオンはもちろんオフもできるようになった。

1980年代にかけて、パワーＭＯＳＦＥＴ、静電誘導トランジスタ（ＳＩＴ）、静電誘導サイリスタ（ＳＩＴｈ）、ＩＧＢＴ、ＭＣＴ（ＭＯＳ：ＣＴ）などが相次いで開発され、スイッチング周波数は飛躍的に増大し、またゲート駆動回路の簡略化、低電力化が図れるようになった。

電力変換回路も単純化されて、ＰＷＭ制御が簡単に精度よく低損失で行われるようになり、負荷に印加される電圧や電流を正弦波に近づけるだけでなく、交流電源の電流を正弦波にし、力率を1あるいは任意に設定して運転ができるようになった。さらに電流・電圧を正弦波にできるのはもちろんのこと、波形そのものの制御も可能になってい

る。インバータ装置の小型化の究極は、制御回路まで集積化された、いわゆるインテリジェントパワーICである。

4-2-5 光ファイバーの出現

1970年に損失20dB/kmの光ファイバー出現と半導体レーザーの室温連続発信の成功に始まり、1980年代前半が実用化で、その後の10年間に本格的な発展期を迎え、現在は光ファイバー増幅器の実用化によって大容量化、無中継伝送距離を拡大している。

光伝送システムの特徴は、情報伝送容量の増大として脚光を浴びているが、非メタリックケーブルとしての雷害対策を始め、光ファイバーの特徴である①無誘導、②絶縁性、③低損失、③広帯域、④細径・軽量の性質が、フトカプラやLSIの発展で、弱電現象活用の継電装置や制御装置の宿命的なサージやノイズ問題に革命的な対応ができるようになった。

4-2-6 高周波現象の発達

1960年代にサイリスタ応用機器が実用化され、スイッチングによる電圧急変のノイズが発生し始めた。当時のdV/dtは数十V/μS程度で過大でなく、ノイズ発生の問題は比較的少なかった。1970年代にGTOサイリスタなどの、自己消弧型デバイスが開発されたが当時、サイリスタの転流失敗や電流遮断現象のdV/dtの過電圧処理の内容がわからなかったが、スバナ回路で主回路サイリスタと並列のCRで、過電圧を吸収しているかがわかった。この適切なスバナ回路の構成で、高周波のスイッチングが可能になり、高周波PWM制御によるパワーエレクトロニクス機器が開発され、1980年代に急速に発展した。

パワー素子の点弧角制御や高周波PWM制御によって、微弱な数mWの制御信号を数kW、数MWレベルに変換することが可能になり、自動制御技術の進歩と相まって、高効率の電力変換が容易に実現できるようになった。

4-2-7　無線周波数の問題

　無線電信の発明は1895年で、1906年に80kHz の高周波交流機によって無線電話の歴史が始まり、船舶無線を中心に発達した。その後真空管の発達でラジオ放送が始まり、第二次大戦中にはレーダーも発明されたが、ＶＨＦ，ＵＨＦの高周波の発達には、検波器の開発が問題であった。

　1950年代にゲルマニウム整流器の開発を得て、トランジスタ・ＩＣ・ＬＳＩと発展して、限られた無線周波数帯域からのチャンネルは、従来は水晶発信機による無線周波数のチャンネル数は30程度であったが、近年進歩したシンセサイザ採用により、自動車電話用移動機では、1,000チャンネルまで可能となっている。

　最近の映像信号は電話信号と比較し、約1,000倍の4MHz の周波数帯域が必要という。これらのＵＨＦでは、出力10W程度のＵＨＦ帯無線局の送信アンテナ近傍に、長さ10cm程度の電線を置き誘起電圧を測定すると、10V級の電圧が誘起しており、電子機器のcm単位の信号線や、電源ラインにも同じ現象が現れるという。国際的にもそれらを活用する情報・通信・制御への相互干渉の悪影響が、ＥＭＣの問題として検討されるようになった。

4-2-8　音波の高周波

　音声に関する超音波は、人間には聞くことができない通常20kHz 以上の周波数の音をいう。歴史的に見て超音波の利用は第一次大戦後、超音波測深機として実用化され、その後これらの技術が民生用各種分野に適用され、超音波技術は目覚ましい発展を遂げている。超音波の利用形態としては、情報の伝送媒体、リーモートセンシングの手段・超音波加工などがある。超音波加工の特徴は、

①　電気エネルギーを機械エネルギーに変換する効率が100％に近い。

② 振動周波数が高いぶんだけ振幅は小さいが、その振動エネルギーは効率的である。

その特徴を活かして、超音波溶接、超音波振動切削、超音波振動研削加工などがある。

4-2-9 高調波問題とサージ・ノイズ対策

パワーエレクトロニクスによる電磁障害（EMI）は、IECなどで問題点として取り上げられているが、LSIの微細化に伴ない、マイクロエレクトロニクス機能は急速に向上しているが、それに対応してサージ・ノイズ対策のレベルも微細にはなるが、電子機器活用上での障害発生は、後追い的に電磁環境問題として漸く研究されている。

電力系統における的確な高調波現象は、全く解明されていない。交流正弦波をずたずたにするパワーエレクトロニクスは、その利用面だけが強調されて、その障害面についての研究は、今後の技術的課題になっているが、これは電気工学技術の空洞化の実証である。

|第4章のビデオ要約記事|

1. 落雷パニック ～高度情報化社会をノイズが襲う～

NHK・クローズアップ現代　1995年9月20日放送

※電子工学分野では絶縁協調という概念がないと見えて、落雷サージも「ノイズが襲う」と表現してある。内容的にもそれを裏付けているが、電気工学的には多少不満である。

猛暑に見舞われた今年の夏、平年は2～5万回の雷が今年は12万回に達している。雷が多かったことも一つの理由ではあるが、ファックス、コンピュータなどの電子機器の被害が続出している。

(1) 被害と被害の背景

　6年前にできた気象情報会社が雷の動きを追跡しており、今年は情報を求める問合わせが殺到した。8月2日東京のベッドタウンの日野市で1時間に200回の落雷があり、この住宅地にも2回の落雷があった。落雷直後からインターホーンが鳴放になったり、電話の不通が続出したので、雷害対策会社に依頼して各戸の被害状況を調査してもらった。

　被害のあった家庭は15件、最も被害の多かった家はテレビ、ビデオ、ファックス、エアコンなど15品目で、総被害数は38台の電化製品で最近の製品のみで、内部のIC部品が焼損しており、古いテレビや電話機などには全く被害はなかった。

　最近のICチップは1975-5ミクロン-16kbit,1980-1ミクロン-40kbit,1990-0.2ミクロン-256kbit,と小型高性能になる反面、耐電圧が低くなっているのが被害の要因である。

(2) 避雷針の効用

　地上20m以上の建物には避雷針を設け、直接雷を地下の接地極に放電することになっている。しかし、日本原子力発電所の避雷針に7月18日落雷があり、落雷したビルは構造体接地であるため避雷針に落雷した雷電流を、建物を貫通して接地極より大地へ放電しているが、各階の火災報知器が誤作動し、電話、エレベータが動かなくなった。さらに、ネットワークで結ばれている100m離れた隣のビルでは、地下ケーブルを通じて、100台のコンピュータが止まり、その中の2台が焼損している。この報告では避雷針以外の接地はどうなっているかという説明がなくわからない。しかし、同じ敷地内で避雷針設備を建物と完全に絶縁した研究所建物では避雷針に落雷しても全く異常はなかったという。

(3) 落雷の電磁波でＩＣ焼損

　埼玉県深谷市の化学工場では、隣のビルの屋上に2年前に設置した避雷針に落雷する度に、それから最も近い所でも70m以上ある工場の火災警報装置が鳴放しで、内部のICが焼損するという。そこで電力中央研究所で1/10のモデル設備で落雷実験した。落雷点から10mに電線をはり誘導電圧を測定したら、ピーク2,000Vで実際にはその10倍のエネルギーという。ＪＲでは、この夏同じ原理の現象で、雷の電磁波が制御回路に入り込み、信号機が故障して混乱した。現在対策を検討中という。

※電気工学では、『サージ』は絶縁を脅かすもの、『ノイズ』は信号を妨害するものとして電気現象を解析している。落雷のエネルギーは強大で500kVの超高圧でも耐えられず、各電圧階級に応じた絶縁協調を図っている。微弱なＬＳＩのチップをどうやって保護するか？　が、マイクロエレクトロニクスの課題であるが、電気工学で問題の各種接地方式・等電位接地・基準接地・絶縁変圧器などの取扱、超高層ビルなどのデータが欲しかった。

2．第2回　『マイコンマシン』
〜ソフトウエアが機械を支配する〜

　　　　　　　　　　　　ＮＨＫ・新・電子立国　　1996年5月

　日本で最初にマイコン炊飯器を作った松下電器では、50種類のマイコン炊飯器を年間140万台作っている。このマイコン炊飯器は、温度センサーとマイコンで制御しており、新しい炊飯ソフトの開発には1台につき1,700回の炊飯試験を繰り返しているという。

　走るマイコンマシン自動車には、20〜30ユニットのマイコンが取り付けられている。1970年、アメリカで自動車の排気ガス規制の法案が通過した。その時、本田のＣＶＣＣ方式のみが規制を満たしていたが。触媒方式ではＮＯｘ除去が不十分であった。ドイツから特許の空燃比

は13.7:1と売り込みに来たが、昔、中島飛行機（株）で空燃比制御の特許を得ていたので、特許料は払わずに済んだという。エンジンの制御には無数のノイズキラが使われている。1979年型セドリックが、これを装備した日本初のマイコンカーになった。

　フォード社では、すでにミニコンでのエンジン制御に成功し、これのマイコン化を取引メーカに勧誘した。これを受けて東芝でＩＣ化して試運転には成功したが、それのチップ化の知識不足で大失敗した。今度は半導体の専門家を入れて再開発を行い、世界初の12ビットマイクロコンピュータの開発に成功したが、フォードの経営者がその技術を信頼しないので、1976年炎天下の砂漠での過酷な走行試験で実証し採用された。

3．第6回　『時代を変えたパソコンソフト』
　　～表計算とワープロの開発物語～

　　　　　　　　　　　　ＮＨＫ・新・電子立国　　　1996年9月

　1967年、コンピュータエンジアの学位を持っているプログラマーの経験者が、コンピュータは寿命が短いので経営者になりたいとビジネススクールに入学した。ビジネススクールの授業は電卓を使って細かい数表による経済計算のシミュレーションであった。そこで1ヵ所のデータを変えたら全て自動で計算結果が修正されるソフトを開発。続いてLotus1・2・3も開発され、それに伴いパソコンの利用も爆発的に普及した。日本でも中小企業向けの小型コンピュータとしてハード・ソフトとも劣らぬ製品が開発されていたが、ＩＢＭとの互換性がないため普及せず、改悪して互換性を図り漸く普及したという。

　世界共通語としてエスペラント語が創られているが、世界の英語の普及に対応できず、プログラミングもマイクロソフトを無条件で英語が採用されている。日本では数表など、中の日本語はその都度プログラミングの繁雑さであった。これを夫婦と助手の3人の会社で、日本

語ワープロのソフトを開発し、昭和58年の東京のビジネスショーに出品。NECから3ヵ月の納期で日本語ソフトが発注された。今の仕事を全部断って、辞典のソフト化など夢中で完成させたという。『一太郎』で有名なジャストシステムの前身である。

4.『新情報革命』　　3回シリーズ
　　　　　　　　　　　NHK・放送記念特集　1997年3月25日

第1回　デジタル新時代が始まった

　日本で放送が始まって72年になる。最初ラジオでスタートした日本の放送は44年前にテレビが始まり、これに衛星放送や文字放送が加わり、現在では毎日多彩な番組が電波に乗って各家庭に届けられている。その日本に去年の10月、多チャンネル衛星デジテル放送が始まった。革命的デジタル圧縮技術が開発されて、従前は映像の伝送には多数の情報回線を必要としていたが、デジタル圧縮技術で少ない回線で多チャンネルの放送が可能になり、さらに地上中継不要の衛星通信のネットワークも研究されている。

第2回　激化するスポーツ争奪戦

　多チャンネルの放送で関係事業者の最大の課題は、如何にして見る人の目と心を掴むかで、最もキラーソフトがスポーツソフトであり、オリンピック・サッカー・ゴルフ・テニスのビッグイベントの生中継で、その放送権の争奪戦が繰り広げられている。

　オランダの"スポーツ⑦"は去年の2月設立・放送開始4ヵ月で倒産、プロサッカー放送権を従来の8倍の契約金で獲得し、初年度収支見込み 500万世帯であったが、その実態は 3万世帯であったという。多額契約の放送権はバブル現象では？

第3回　大競争時代日本の行方

　今年の2月、スイスで世界経済会議で紹介されたコンピュータ普及率、インターネットを管理するホストコンピュータの数、テレビや電話などの8項目の指標で、国々を比較し世界で何位にあるかを地図化している。それによると、アメリカが1位で日本は16位と相当立ち遅れている。日本では規制緩和で様々な企業が、夢と思惑を込めて新たなビジネスに挑戦している。果たしてだれが勝ち残れるか？　世界からは立ち遅れた日本が、有望な市場で主導権争いの戦場となっている。

5. 医療機器を電磁波が襲う　～検証・携帯電話トラブル～

NHK・クローズアップ現代　1996年6月

　今年の5月現在の携帯電話は1,400万台、10人に1台となっており、今後さらに普及する状態にある。それが人の生命を管理する医療機器の6割に、携帯電話の電波の影響を受けるという。郵政省が中心になって組織する不要電波問題対策協議会では、今年1月から医療機器メーカー・携帯電話メーカーの協力を得て緊急に実験を行った。

　その報告内容によると、現在病院で使われている医療機器221機種のうち、6割に当たる138機種に携帯電話の影響を受けることがわかった。とくに生命管理医療機器の例では、

　　人工呼吸器……………18機種のうち 7機種
　　輸液・シリンジポンプ…38機種のうち18機種
　　人工心肺装置……………6機種のうち 1機種

　NHKの病院内での携帯電話の使用規制のアンケート結果は、次のとおりである。

　　病院内全域禁止……………72%
　　ロビー以外禁止……………14%
　　規制なし…………………… 6%

その他……………………… 8%

　実験の報告ではPHSは電波が弱く、対象の221機種のうち8機種であったというが、その障害の防護は、携帯電話側よりも医療機器側で防ぐのが基本であるが、最近の電子機器の動作電圧が低くなっているので、シールド・フィルタ対策とも難しくなっている。

　アメリカの病院では20年以上前から、医療エンジニア制度があり、医療機器のメンテナンスや電磁波問題対策を行っている。日本でも8年前から臨床工学技師制度が発足しているが、その技師が4人以上の病院が33%、1～3人が34%、0人が33%という。

(問 題)

(5) 電気設備に関しての法規と規格について述べよ。

(解 答)

　電気設備に関する法規は、いずれも人命、財産、あるいは公共の利益を阻害しないための法律による最低の規制であって、最適の設計基準を示すものではない。

　これに対して規格とは、性能、動作、形状などについて統一化、単純化を図り、標準化、量産化することによって品質の向上、コストの低減、納期の短縮などの有形無形の効果を期待して制定されたもので、いわば公的な標準仕様書ともいえるものである。

第5章

電力会社関連の問題

5-1　21世紀のエネルギー

　人類とエネルギーのかかわりは1万年前からのようで、木・草から家畜・水力の循環代謝型といわれるエネルギーを熱・光・動力に利用しており、200年前の産業革命以降には貯蓄取崩型といわれる石炭・石油・天然ガス・原子力のエネルギーを、熱・光・動力・通信として大量消費することになり、1800年頃の7～10億人の人口も今では60億人を超え、2100年には110億人なるといわれており、一人当たりエネルギー消費量（千kca/日）も、1万年前の10程度から現在はその25倍で、先進国10億人の人口の世界の2割弱で、地球温暖化で問題としているＣＯ$_2$排出量の50％を占め、公害問題・地球温暖化の環境問題と、化石燃料の有限性・化石燃料の偏在のエネルギー問題、さらに、人口の増加による経済拡大・南北格差・化石燃料の枯渇・公害発生・経済不況と、複雑な関係が生じている。

　これらを解決するには、太陽光発電や風力発電などの創造型エネルギーは、経済性を無視しても物理的に絶対量の不足で期待できないので、可採年数が石油44年・石炭 231年・ＬＮＧ63年という化石燃料から、しだいにウラン73年をプルトニウム数千年のナトリウム漏洩事故を起こした「もんじゅ」型の増殖型原子力に移行する必要がある。全電化住宅はすでに実用化済みであり、可採年数の短い化石燃料は燃料としての浪費を止め、近代生活に必要な化学製品用に保存して、利用価値の高い電気エネルギー源は増殖型原子力に緊急にソフトランニングで移行する必要がある。

5-2　原子力発電の役割と問題点

　数年前の問題として、原子力発電所の放射能もれ事故、原子力発電所の出力調整試験などで、原子力発電の反対運動が激しくなり、これに対抗して電力会社の原子力発電の安全性キャンペーンもやりづらく

なっている。最近ではプルトニウムを燃料とする高速増殖炉開発の問題点は、液体ナトリウム熱交換器のトラブルで研究継続不能で各国は中止したが、エネルギー資源のない我が国には高速増殖炉の夢は忘れられず、「もんじゅ」の強気の試運転計画は続けられているが、今までの実態を無視した電力会社の原子力発電の安全性キャンペーンが国民から信頼されなくなっている。

前述のように21世紀のエネルギーは、原子力の核分裂→増殖→融合発電へと発展すべき命題が認識されていれば、発電の経済性を重要視せずに信頼性や安全性に重点の施策が必要であったが、原子力発電に関する事故事例も多く報道されており、添付ビデオ要約記事でもわかるように、今までの対応を大きく変更すべきである。

もんじゅ事故の報道で初めて知ったことであるが、電気炊飯器や電磁調理器などは容器の外側のセンサーで制御しているのに、冷媒の温度確認に精密級のセンサーをナトリウム冷媒配管内に200個も取り付けて共振現象による事故ですとは、現場を熟知した技術者が説明するレベルの問題でない。しかし、その後の対応も共振現象防止で根本的な対策はない。

このような危険性のある原子力発電が運用できるのは、電源のネットワーク化によって、系統全体としての需給調整ができることから、安全性の問題で出力調整能力の劣る、原子力発電や出力調整の難しい再熱式火力発電など、大容量高効率発電の遠隔地立地で、主幹電力系統が構築され、これによってベースロードを賄い、揚水発電、貯水式水力、中小火力の出力調整によって全体的な需給調整が図られてきた。

しかし、最近の産業構造の変革、国民生活の向上によって、電力需要構造も大きく変わり、昼夜の電力需要のアンバランスが大きくなり、原子力発電の出力が深夜電力に迫り、中小火力のDSS（毎日始動停止）運転では対応できず、原子力発電の出力調整運転の必要が取り上げられているが、これは安全性の高い大型蓄電池による需給調整で対応すべきである。

5-3　電力会社の分散型発電システム

　分散型電源システムは、小規模な需要家施設を電力系統に連系する場合の技術的問題点が論じられているが、電力会社自身が中規模の分散型発電システムを計画すべきである。

　最近の電力系統構成は、ベースロード用の原子力発電所、大規模火力発電所が電力需要地より遠く離れた遠隔地に設置され、山間部の大型水力発電所とともに超高圧送電線によって、電力需要地周辺の超高圧変電所に連系され、超高圧の一次変電所から二次変電所、配電用変電所を経由して、一般の需要家に電力を供給されている。

　最近では、航空機の発展に伴い、ガスタービンの急速な進歩によって、ガスタービンの排熱を利用して蒸気タービンを駆動する、コンバインドサイクル発電の効率が45～50％と、従来の大型発電設備の効率を大幅に上回るようになってきた。加えて大型発電所は、公害問題や用地問題で発電計画も遅々として進まず、送電線の建設費や送電損失を考えると、需要地周辺または中心地の設置が容易で発電効率のよい、コンバインドサイクル発電が電気事業用の分散型電源システムとして脚光を浴びるようになっている。

　しかし、関西新空港では、コージェネ・地域冷暖房のエネルギーセンターが計画されているが、当時、電力会社として縦割り組織のためか、適切な知識が無かったと見えて、コンバインドサイクル発電の蒸気タービンを抽気タービンとした、電力主導型熱併給発電として計画すれば、昼間は陸上側へ送電して夜間は発電を軽負荷にして、不足分は陸上側から補充すれば、大型分散型電源システムの最良のモデルとして機能するはずであったが、電動機駆動の主冷凍機を蒸気タービン駆動で計画したので、熱負荷に応じて発電する熱負荷主導型になり、電力系統の分散型電源としての機能がなくなり、単に不経済な送電線事故対策用の非常用発電設備の部分利用で不経済な設備となっている。

5-4 電力会社の配電電圧に関する問題

　我が国の電源事情は、外国からの技術導入の経緯もあって、戦前は各地域や企業によって周波数や機器の定格電圧もまちまちであったが、戦争破壊を契機におよそ富士川を境に50Hz、60Hzに統合整理され、高圧配電電圧も3kVに統一された。

　その後、電力需要の増大に伴い、昭和30年代に3kV 3相4線式の5.2kV配電を経由して一部の地域を除き6kV配電に移行したが、低圧の200V/100V単相3線供給は現在に至っても十分に普及していない。

　最近の電力会社の将来構想の契約電力500kW以下を400V供給とする、20kV/400V配電の400Vレギュラネットワーク配電方式は、三相4線式の第3調波の問題・400V配電の電圧降下・400V機器のアーク短絡・事故時の波及範囲・感電防止など、基本的な三相3線の高抵抗接地方式の地絡保護方式に比べ、電気の品質、信頼度、安全性に問題がある。

　自家用の構内配電電圧および機器の定格電圧から考えられる構内配電電圧は、3.3kVおよび400V、200V、100Vが過去の経緯もあって最も適切な電圧で、現在の6.6kVの受電電圧は最も不経済な配電電圧である。需要家から見た受電電圧は22kV-3.3kV-200/100Vで契約電力1000～30kWを3.3kVとして、過密地域に対しては1需要家1引込みの原則を緩和し、設備共用受電や共同受電を普及させれば、市街地の架空配電線は大幅に整理され、架空配電線の地中化も容易になる。

5-5 高圧受電の地絡継電器の誤動作

　「旧電技第41条-3」には、受電点には地絡遮断装置の設置を規定しているが『受電点において受電する電気を全べて受電点に属する受電場所において変成し、または使用する場合はこの限りではない』となっており、受電点の電源側の地絡・短絡事故を保護するのは電気現象

として不可能なで問題である。特高受電のように責任分界点・財産分界点が受電点の電源側になっていれば問題ないが、6.6kV配電系統における電力会社と需要家との責任分界点・財産分界点は、通常電力会社の柱上開閉器の負荷側端子とすることが多く、需要家の引込みケーブルは需要家側の管理責任にしているのが問題である。

電源引込線が架空線の場合は、受電点に受電変圧器を設ける際、地絡遮断装置の設置が省略されているが、BNケーブルやCVケーブルが開発されて引込線に採用されるようになって、ケーブルの地絡事故が多発したため内線規程などで、6.6kV受電設備には、地絡継電器を設置するのが標準とされており、そのため、最近では電源電圧に含まれる高調波の影響もあって、ケーブルの亘長が50m以上になれば取り扱いの面倒な地絡方向継電器の設置となっている。不合理で難しいこの問題は、6kV系統が非接地方式では地絡保護が難しいので高抵抗接地方式に改め、さらに、電源側の電力会社の分岐開閉器に地絡遮断装置を設置すれば解決することである。

5-6　高圧受電設備指針のSC設備の問題

高圧受電設備指針は1973年（昭和48年）が初版で、1965年（昭和40年）頃から高圧需要家が急速に増加の傾向となり、それに伴って自家用設備からの波及事故件数も多くなったので、日本電協会が「高圧受電設備研究会」を設置して作成したもので、高圧受電設備の具体的な施設方法を記載した指針であり、当時としては「標準施設」「機器材料」「保護協調」「絶縁協調」などと技術レベルの高い指針であった。

そのSC（コンデンサ）設備仕様は、主遮断装置の形式に合わせて、母線直結、PC経由、LBS＋PF経由、DS＋CB経由、の4種類の仕様でSR（直列リアクトル）付SCは無く、"コンデンサを設置したため供給回路に高調波電流が著しく増大し、有害な場合にはコンデンサ回路に有効な直列リアクトルを設置すること"となっている。

パワーエレクトロニクスが十分に普及していなかった時代では、ＳＣ設備の仕様としては、最も簡略した高圧側設置の経済的な設備であったが、現在のように高調波発生源の影響が大きくなると、高圧側のＳＲなしＳＣ設備は、配電系の高調波現象の公害源になっている。

5-7　高調波対策の問題

高調波障害は戦前から電車や電解用の回転変流機や単極水銀整流器など、交流電源から直流電源に整流して可変速の直流電動機の活用のため、高調波の基本的な現象は十分研究されており、高調波対策としてＳＣのＳＲの特性など規格化されている。

1980年（昭和55年）頃から半導体応用機器から発生する高調波電流によって、系統電源に高調波電圧が大きく現れるようになり、技術基準調査委員会の下に設置された「高調波抑制対策特別調査委員会」で『高調波抑制対策技術指針』を作成し、平成7年10月に発刊して、各電力会社営業所の窓口でその指針に基づき、新規需要家に高調波流出電流計算書を提出させて、高調波流出電流を規制するようになった。

しかし、全需要家の90％以上を占める契約電力 500kW以下の、高圧受電設備指針に準拠した、ＳＲなしＳＣを設置した需要家のほとんどが対象外となっているので、高調波公害問題の根源であるＳＲなしＳＣの配電系統における影響を無視した、高調波抑制効果の少ない高調波抑制対策技術指針になっている。

樹枝状構成の配電系統における、家電・汎用品からの高調波の流出電流や、中小規模の大多数の需要家から流出する高調波の挙動は、高調波抑制対策技術指針の高調波電流分流法の手法では解析できないので、「電気供給設備のシステム技術」の手法を配電系統の高調波現象に適用して、高調波電圧含有率計を活用した高調波現象を解析する方法によって、ＳＲなしＳＣの高調波拡大現象の挙動を解明して、高調波公害問題とその処理方法を提言している。その技術的ポイントは末

尾の付録を参照されたい。

第5章のビデオ要約記事

1. 原子力は安いエネルギーか　～日米の違い～
　　　ＮＨＫ・シリーズ21世紀・いま原子力を問う　1987年

　いま世界で運転している原子力発電所は 420基、当時、原子力は安いと考えられていたからである。アメリカでは1950年頃から『メーターで測るより安い』と宣伝されていた。

　電力会社の数は日本と違い3,400を超え、電気料金の自由競争で如何にしてコストを下げるかで、当時年 7%の電力需要の伸び率で競い原発建設を行った。

　その30年後の状況は、需要予測に対して実績需要が伸びず、加えて1979年のスリーマイル島原発事故で安全対策規制が厳しくなり、天然ガス発電への切替えや建設の中止で発注中の原発もキャンセルとなり、新しい原発建設計画はなくなった。

　アメリカでは、過去の実績値で発電原価を計算する。1986年エネルギー省の発表では、原子力…3,77セント　石炭火力…3,16セント、これは、出力 1000MW の大型発電所で比較すると、年間70億円原子力のほうが高くつく。

　日本では1970年の関西電力美浜原発送電開始で、万博も原子力の電気でと宣伝され、日本も原子力発電の実用化段階に入ったことを示した。1979年第二次石油危機で原油価格が3倍以上に高騰した。初めての通産省試算の発電原価の推移では、6年後には原子力との差は小さくなっている。

　日本の原価計算は将来予測であるので、実績値からの原価計算を行った。それによると原子力8.90円、稼働率77%、火力9.02円、稼働率

41%で、これを同じ稼働率では7.20円で火力が安く、原子力には廃棄物の処理・解体費は含まれていない。さらに、アメリカと日本の電気料金の面からの違いは、アメリカは発電所建設費は電気料金に一切認めないが、日本では発電所建設中の金利の1/2を電気料金に含めている。したがって建設期間の長い原子力では、相当の違いが出てくる。

2. 問われる"夢の原子炉"もんじゅ事故

NHK・クローズアップ現代　1995年12月25日

燃料のつまずきなどで、初臨界は予定より約1年半遅れ、今年の8月に初めて発電に成功してわずか4ヵ月、出力40%運転のとき、心配されていたナトリウムが漏れだす事故が起きた。欧米各国が増殖炉計画から撤退あるいは後退を始めているときに、日本だけが開発を進めることの疑問に対して、科学技術庁や動燃は『増殖を確かめた後はプルトニウムを減らす焼却炉に使う』と言い出している。(96知恵蔵記事より)

高速増殖炉の技術的問題点は、プルトニウム以前の問題で、水分と激しい反応を起こすナトリウム冷却剤の漏洩対策で、諸外国では未だその対策に見通しが立っていない。

1995年12月8日のもんじゅのナトリウム事故は、二次系冷媒配管に温度センサーを取り付けた個所のようで、二次系配管の全長1,100m、温度センサー200数個、運転中の冷媒温度約 500〜200℃で温度差約300℃という。

ナトリウムの物理特性は比重：0.97、融点：97.5℃、比熱：0.3、線膨脹：71、比抵抗：4.6、熱伝導：115、融点が高く100℃以下では固体で、熱膨脹が大きいので、熱応力の影響を受けないナトリウム漏れ防止対策が基本のはずである。"動燃"幹部の一人は「高速増殖炉を担当しているグループはエリートの原子力技術者集団で試験にトラブルはつきものと考えている、それを公表しなければならないのか」と

釈明している。冷媒の温度確認は、配管の外側のセンサーにすれば安全である。
※"もんじゅ"関係で3兆円使っていると。原子力船『むつ』のようにならねばよいが！

3. 原子炉大改修　～原発心臓部に何が起きたか～
　　　　　　　ＮＨＫ・クローズアップ現代　　　1997年12月

　東京電力の福島第一原子力発電所、放射能の強い原発の心臓部で、いま、巨大部品を交換する世界で初めての工事が行われている。それは、ステンレス製の部品にヒビ割れが発生したためで、40年は持つと言われていたこの部品がなぜ、20年余りで交換しなければならないのか？　原子炉の大改修が浮彫りにした巨大技術の盲点と原発老朽化の現実である。

　交換を必要とする部品の場所を、原子炉の実物の1/15サイズの模型で説明すると、核燃料を核分裂させ、その熱の水・蒸気の熱交換器（指しいている）の下側の核燃料のすぐ外側にある構造物で、ステンレス製の円筒型の『シュウラド』といわれる核燃料の外側を囲んでいることから、これ自体強い放射能を浴びている。

　福島発電所の六つある原子炉のうち、2号機の『シュウラド』に3年前に見つかった写真のような大きなヒビ割れがあった。その『シュウラド』の厚みは約20cmでヒビの最も深いところでは4cmに達し、さらに長さ14mある『シュウラド』の内側を断続的に一周している。

　このヒビ割れの原因を詳しく調査した結果、『応力腐食割れ』の現象であることがわかった。これは部品に加わる熱や力それに不純物による影響などが複合的に重なって起きるヒビ割れである。

　世界には問題の『シュウラド』の原子炉は96基あり、そのうち1990年以後でヒビ割れが25基もあった。その共通点は加工し易い304型ステンレスが広く使われている。外国ではすでに補強工事を済ませてい

る。しかし、新しい原発に使われている316型への交換の計画はない。日本では7基あり、現在、毎年1基ずつ5基の計画が決まっている。この交換工事は実物大の模型で細かい作業訓練を行い、3月完了予定では世界の注目を浴びている。今後の課題には、さらに棄物の処理がある。

4. 東海村臨界事故 〜緊迫の22時間を追う〜

NHK・スペシャル 1999年10月10日

9月30日午前10時35分、東海村のJCOウラン燃料加工施設で、臨界事故が発生し大量の放射線が出た。核分裂が続く臨界が完全に終息するまでの22時間、住民は見えない恐怖におびえ続けた。その実態の記録である。

10:35 臨界事故発生、作業員被曝2人重傷
11:34 県への第1報FAXにて（臨界との意識なし）
13:30 原子力安全課→総理大臣室秘書課
14:00 原子力安全委員会（委員の臨界コメントを無視）
15:00 周辺の住民の避難をJCOより連絡、村長の決断で350m以内の自主的避難指示で約160人が避難した。
15:00頃 官房長官へ報告、事態は収まる傾向
15:00過 県庁はJCO担当を呼び、直接事故状況を聴取"16kのウランを一つのタンクに入れたら青い光が見えた"同席した技術者が臨界の可能性あり、ただちに中性子線の測定をコメント。
同時に科学技術庁に報告
16:16 官房長官記者会見、事態は収まる傾向
17:00過 JCO周辺の中性線の測定開始。通常の2万倍の測定結果を報告
20:30 県は規則に従い10k圏の住民の屋内退避の国の判断を求めたが、適切であるの回答は2時間後であった。

21:30	現地防護対策本部の制御不能の臨界対策案は、沈殿槽外側の冷却水を抜いて臨界停止に期待。2人組の1分間作業の繰り返しの水抜き作業。
02:35	第1組出発　現場確認写真撮影
03:25	第3組出発　配管の残った水除去
05:19	第6組出発　高圧アルゴンガスで追出作業
06:16	中性子線放出が0で臨界停止確認
08:19	第11組が沈殿槽に17ℓの吸収剤注入

※古い施設の売上対策に過去8年間「裏マニュアル」で作業合理化してきた。今回は今までと違った「ふげん」用の高％濃度ウランの無視が臨界事故の原因。

※ 2000年6月 ドイツでは、現在の需要電力の30％を占める原子力発電を、寿命のきた原子力発電から逐次廃止すると発表した。今後の電力問題はどうするのかと思ったら、ヨーロッパでは陸続きの国境を越えた送電線で、ドイツは国内需要電力の30％程度を受電しているという。隣りのフランスは原子力発電王国であり、自国発電電力の70％を原子力発電で賄っている。したがって、今後のエネルギー枯渇対策にドイツは買電で賄えると人のふんどしを当てにした、ドイツらしくない対応が解説されている。

※　日本では、最近、原子力発電の事故などの続発で、原子力発電を志望する学生がいなくなったという。今後、原子力発電は衰退するとしても、現在の発電設備を運用・保守する技術者や、原子力発電設備を解体したり、未解決の核廃棄物を処理する技術者の確保が必要であり、これらの国家的な基幹産業には、私立大学に依存せず国公立大学で、将来の待遇を保証した技術者を育成する制度を確立する必要がある。

(問題)

(6) 電気の品質について説明せよ。

(解答)

各種の電気機器は規格によって、共通的な使用場所の環境条件や定格電圧・周波数などについての許容幅を定め、その範囲内で実用上の機能を保証している。

これに対応して電気使用の諸問題を『電気の品質』として、①周波数の変動、②停電・瞬時停電および瞬時電圧低下、③電圧変動、電圧フリッカ、電圧不平衡、④高調波の4項目に整理して電気供給設備の技術的問題点を明らかにしている。

(問題)

(7) 電気回路のキルヒホッフの法則について説明せよ。

(解答)

複雑な電気回路網の計算を、代数的に解くために考えられた次のような法則である。①回路網の一点に流入する電流の総和は0である。②一つの閉回路網ではその中に含まれる超電力と電圧降下の総和は零である。

この二つの法則にしたがって回路網の未知数の個数に相当する連立方程式をたて、これを解くことによって回路網内の電流分布などを代数的手法によって計算するが、複雑な実務計算では、この法則理念の活用が有効である。

（問題）

(8) テブナンの定理とその応用例について述べよ。

（解答）

　回路網計算の『重畳の理』を発展させた定理で、回路網中の一つの回路の電流を求める場合、その回路を開放して、開放点に現れる電圧と開放点からみた合成抵抗の間にオームの法則が成り立つという定理で、測定用のブリッジ回路のブリッジ電流や非接地または高抵抗接地など線路インピーダンスを無視できる系統の地絡電流の計算に、この定理を適用して計算すると回路現象が把握できて非常に便利である。

◆ 第6章 ◆
電力工学の教育問題

6-1　電気工学と電子工学の現状

　電気をエネルギーとして取り扱う技術分野は『発送配変電』『電気設備』『電気応用』で電力会社の『発送配変電』と自家用の『電気設備』の「電気を供給する設備」を通じて、産業用・民生用と文明の進歩とともに電気の利用はますます重要になっているが、電気の性質利用の『電子応用』『情報通信』はマイクロエレクトロニクスやＬＳＩの発展で、情報・通信・制御などへの活用により、自動化・効率化・ＦＡ化・ＯＡ化と、電気応用分野は革命的変化で進化しているが、最近の電気工学や電気設備技術は斜陽化して、『エネルギーより情報』という雰囲気になっている。

　このように理工系から文化系へと、電気から電子へと主役が変わり工業化社会から情報化社会へと変わりつつあるが、人類の生活用品が不要になったということではなく、今後の地球環境の克服や自然エネルギー活用にも電気技術者の役割が増大するはずである。

　このような状況の中で、電設工事会社での最近の新入社員構成は、電気工学出身者が少なく、電子工学出身者に日本電設工業会編の『新人教育電気設備』などで教育しているのが実態で、今後さらに電気技術の必要な企業の電力会社・需要家電気設備を計画・運用する優れた電気技術者の不足が心配される。

6-2　電力設備工学の教育の現状

　電気設備学会誌 97/5 号に、電力系統が専門で先々代学会会長の『電気設備工学に関する教育・研究』の講演記録が掲載されいてた。それによると芝浦工業大学の工学部二部に、わが国で最初の電気設備学科を創設し、実際に教育を開始していると紹介されているが、それは電気設備学科というより、従来からの建築学科系の電気設備が、電気工学系の建築電気設備学科と進歩した内容になっていた。

電気設備学会誌98/3号特集の『電気設備技術者教育』では、とくに企業へ人材を送出する立場からとして、電気設備学会理事の芝浦工業大学教授と立命館大学教授が代表として、大学における教育の現状を執筆されている。

6-3 立命館大学での電力設備関連科目の変遷

重厚長大の重化学工業の時代から電子技術を中心にした電子通信、情報化、サービスなど軽薄短小の時代、ソフト化の時代に移った。これらの技術に21世紀の先端技術として関心が集まり、電力設備関連技術は完成度の高い技術と見られて関心は薄いが、電力なくして社会活動が成り立たなくなっている。

大都市で一度停電が起きると、都市の諸活動が停止し、都市の機能が長時間麻痺するなど、電気設備トラブルがもたらす都市機能の脆弱化が指摘されている。停電の原因やその後の対応など人為的なものが混乱の拡大のもとになっているとされ、経験不足や機器操作に対する習熟度の低下など、技術取得のレベル低下を憂慮する声も聞かれ、社会の要請に応える人材の育成の在り方の見直しが迫られているように思われる。

"これまで電力設備関連科目は電気工学の主要科目であったが、今では特殊科目になりつつあり、電気設備や照明、電気鉄道、発変電工学など、この技術分野を研究する若手研究者が減少し、その科目担当者の不足により、科目の開設維持ができなくなりつつある。

今後の課題として、『教育への総合的理解を養う目的に行う』となっているが、運用を誤ると総花的になり中途半端になってしまうおそれがある。大学は本来、人材の養成という教育の場であると同時に、基礎研究の成果をもとに企業が応用開発を進め、企業も大学側に基礎研究のテーマを次々に提示して、相互補完の関係ができれば、国全体の研究開発の水準が上がり、人材育成を司る若手教育者の人材確保も

できるのではないか"という。

6-4　意　見

日本では、大学進学率がまもなく50%を超えようとしており、少子化社会でその比率はさらに上昇することが予測されている中で、電気設備学会が産業界企業へ人材を送り出す、代表的な大学の教育実態に多少失望している。

利益追求が目的でない学会や公立大学は、若者の風潮に支配されずに長期的な視野で、国として必要な人材を確保する責務があるはずである。電気設備学会と電設工業協会との役割区別が明確でない。電力会社と違った電気設備工学を構築する必要がある。

6-5　電気主任技術者制度による電気設備の保安管理の技能化

今までの電気主任技術者は、電気設備技術基準による諸規定を忠実に遵守する電気設備の保安管理者として技能化されてきた。しかし、産業設備の電気設備はその企業内容や装置の年々の高度化に伴って、電気設備も新設・増設・改装・更新で近代化してはいるが、電力会社の半官庁的習慣・個々の企業秘密などの問題もあって、産業設備にかかわる電気設備学会的な結束が弱く、現状の電気設備学会は建設省関連の建築電気設備関係者で主導的に運用され、技術士「電気設備」の試験もその傾向が強く現れている。

産業設備の電気技術者は、今までの電気設備技術基準による技能的業務の担当でなく、メーカー技術者や電設技術者と違うユーザーエンジニアであって、その企業の装置側の特徴に対応した電気設備の将来性を含めた、新増設計画・更新・工事・維持・運用など、その生産設備などにおける電気に関する実務的な全責任者のはずである。

ユーザーエンジニアは、受注の競争に勝ち抜くためのビジネス技術に没頭する技術者と違い、施主の立場でメーカーや工事会社のような、狭い範囲の部分的な専門知識ではなく、広い範囲のシステム技術のマクロ知識が必要で、自分の職務を履行するためには、メーカーや工事会社などの受注のために、欠点を隠し長所を誇張する傾向を十分熟知し、そのような雰囲気の中で、専門知識を誤り無く吸収して、活用する知識が必要である。

6-6　技能の伝承と人材育成を憂う

　これは電気雑誌ＯＨＭ98/9『モードＸ』の技術系産業全体を対象とした内容の記事要約である。日本の製造業の人材構成の特色は、学卒レベルの技術者層の厚さと大学院卒とくに博士卒レベルの技術者が少ないといわれてきた。学卒技術者は1960年代から急速に増加し、その後の技術革新を支えてきた。1970年代後半から日本の製造業が世界のトップに躍り出たのも彼らに追うところが大きい。

　大学院卒に関しては、1980年代以降、修士卒の就職が増加し、彼らはようやく研究開発を本格的に担うようになったが、真価を発揮するのはこれからである。博士卒の採用は例外的でいまだに少ない。今後10年くらいで博士卒の採用は徐々に増えるだろう。

　高度成長期以降の日本の製造業を支えてきた大きな原動力は、優秀な現場労働者であったことは間違いない。これは欧米に対する日本の有利な点であった。しかし、高等教育進学率が高水準で推移した結果、大卒技術者が大量に生み出された一方で、新規のテクニシャンの育成が非常に手薄になった。

　1970年代以降、大学進学者が増加し誰もが大学進学することを望み、普通科高校に進学し、普通科へ進学しないものは落ちこぼれのようになっしまい、とくに工業高校の現状は深刻で、優れたテクニシャンの高齢化のため、技能の伝承が問題になっている。

高卒レベルの職業人の能力の養成を真剣に考えなくてならないが、1968年6月の教育過程審議会の報告では、2010年頃までの日本の初中等教育の在り方はほぼ決まった。日本の産業の将来は決して楽観できない。（電気通信大学・助教授）

※補足、日本では大学への入学は難しいが、卒業は優しいといわれており、旧帝大出身者も高校時代との知識の差は目立つが、電気工学の知識は身についていない。需要家の電気技術者としての役職は課長までで、それ以上は工務系の部長・重役となるのが一般であり、大学卒より専門学校卒が実務的であった。

　現在の大学・大学院の進学率では、電気系の実務的なカリキュラムを作れないというのが問題で、過去、十数年の技術士受験指導した経験から、約80人の合格者と合格を諦めた者の、高卒・専卒・大学卒の実力を比較して、大学4年間の教育に疑問を持つ、一部の優れた人材もいるが、大部分は電気工学がほとんど身についていない。

　『技能の伝承と人材育成を憂う』では、普通高校の落ちこぼれが工業高校の実態という。これは進学率の向上が逆に、教育システムを破壊しているといえる。現在の大学教育方針を改め、専門教育を確実に行い、現在の大学教育は大学院で行えば、研究開発・システム運用の人材構成上からも適切になるはずである。

6-7　大学入試と中・高校一貫教育

　4-1-1の記述のとおり、電気現象を表す数式は、言葉の一つの表現形式であり、数学の表現がわからない事象には人は拒否反応を示し、それ以上の高度な技術の向上は望めなくなるが、電気技術者は、数式の表現とそれが意味する現象の感覚が、対応しないと意味がない。全ての電気現象を数学で理解するのでなく、電気現象特有の有効分・無効分を表す複素数と、微分・積分の概念程度までの数学処理で十分であ

り、高等数学運用に精通しても、実務の運用に関する問題点が理解できないと全く役に立たない。

最近の新聞報道による大学入試問題を見ると、細かい範囲での難しい問題が出題されており、大学受験生や卒業前の大学生は、受験競争のためのその場限りの知識の詰め込みに夢中になって、学生本来の習得すべき学業が忘れられている。現在のように社会が高度化し複雑になって、大学進学率が高くなると、研究者向きの大学院と区別して、庶民向きの大学の授業は、広範囲の浅い概念知識の習得に改めるべきである。

現在のように、狭い範囲の専門馬鹿を育てないために、大学入試の共通テストなどは、中学教程と連携して、社会人としての常識的な全科目の概念知識の易しい問題にする。

例えば、複素数の概念知識は必要であるが、計算式の理解を省略した易しい問題とし、入試のための勉強が無駄になるようにする。高校教程では、全科目の概念知識の習得で、将来どのような分野にも進めるようにする。

大学教養課程では、高校の概念知識を基礎に専門学部に応じて補足する。後期は必須単位で体系的な専門科目を、創造性のある生涯学習の基礎として学ばせる。研究者向きの大学院では、最高の国家教育機関として、社会システムの調和が図れる、使命感のある人材に育成する。学会などの論文誌の発表論文には、部門技術の進歩に盲点や空洞化が生じないような、マクロ的な運用が必要である。

6-8　何でもデジタル化に警鐘を

1998年7月の電気学会誌の特集に"今こそアナログ回路技術を見直そう"が取り上げられている。その中の「何でもデジタル化に警鐘を」で、今日はデジタル全盛である。このような中、現在再び、アナログに戻っている機器があると、腕時計や速度計の例をあげて、アナログ

技術を扱うにはそれなりの知識と訓練が必須である。デジタルはアナログの持つ多くの機能のほんの一部を利用しているだけで、デジタルを知っていても、アナログはわからない。アナログ回路技術は基本技術であるばかりでなく、先端技術を支える技術であると解説してある。

※最近のように急速に発展する科学技術は、それに伴って専門分野が細分化多様化し、専門馬鹿の傾向が顕著になっている。部分的なミクロを扱う科学技術や宇宙・衛星などのデジタル技術の進歩には敬服するが、電気工学でマクロ的なシステム技術が必要な分野では、デジタル化の前段階のアナログ知識の確立が先決である。

6-9　公共事業の電力会社

電気事業の勃興は明治20年（1887年）で、明治44年（1911年）に電気事業法が制定された。それ以降公益事業として通産省の直接・間接の指導・監督になり、旧技術基準の第4条の「特殊設計による施設」の認可申請の条文などで、遵法精神が基本で時代遅れの指導・監督が、電気主任技術者までも技能化している。

電力会社も科学技術の進歩に対応して、需要家の受配電設備を含めた電力供給設備を、システム的に問題点を解析すべきであるが、戦後、日本発送電と地域配電の再編成により、地域独占の公益事業の大組織のため、日本独特の権威主義や排他的思想で、原子力・火力・水力の発電部門、架空送電部門、地中送電部門、変電部門、それに配電部門と、それぞれの独立組織の動脈硬化で、各部門間の協調が失われ、電力技術の進歩を阻害している。

6-10　電気設備のシステム技術

科学技術が高度に発達し内容が細分化されて、各分野で無秩序に発

達した技術は各所で矛盾を起こし、個々の技術のプラス面よりマイナス面が強く現れるようになった。

システム工学は、このような対象を合理的に計画・設計・運用することを目的として生まれた分野で、その対象は理工系だけでなく、人間や社会を含んだ広範囲なもので、システム工学は最初から新しいシステムの「創造」と、いうことを最重点にしているという。

現象論的電気設備工学とは、現実のコマーシャル宣伝や風潮に支配されず、電気現象を物理的に捉らえ、大局をアナログ的概念で体系化する手法で、現代のシステム工学やシステム技術の考えを取り入れた電気設備工学である。その観点で基礎技術は高級な難しい数式で表現された電気設備工学ではなく、昔の人が研究・発見した、電気基礎理論の理解に必要な数学で十分で、不必要な数式運用の知識は、創造性発展を阻害しているようである。

第6章のビデオ要約記事

1. 大学の授業が成り立たない　～ゆとり重視教育の波紋～
NHK・クローズアップ現代　1999年5月29日

大学の授業がわからずそれについていけない大学生が増えている中で、教育制度の問題が議論されている。小学校の分数の計算がわからないという、基礎的な計算力や知識の低下で、授業についていけない学生のために、大学はいま授業の在り方の根本的な見直しを迫られ、大学の教育程度は下げられないと、有名予備校に依頼して補習教育をし実施している大学もある。

過去30年の小・中・高校の学習指導書では、一貫して教育内容のレベルダウンが図られ、教養に対する関心が低下しており、大学側の学生選抜の入試から、徐々に学生が大学を選別するようになり、私立大

学では学生数の確保の必要から、入試の科目を減らしその内容も易しくする傾向になった。

滋賀県立河瀬高校の例では、理科の履修は化学を3年間の必須科目にし、2、3年で物理・生物・地学のうちの2科目としている。これは1982年（昭和57年）の学習指導要領書の改訂によるもので、以前は教養としての理科1（物理・地学・生物・化学）が1年生全員の必須科目で、2、3年は選択2科目であった。

1994年（平成6年）の学習指導要領書の変更で、各教科の科目を増やし、その選択は学校や生徒の選択に委せ、一般教養としての理科1は廃止になったため、教育の多様性を目的にしながら、入試対応の選択になり、大学の求める基礎知識のない学生を生む結果になった。国立教育研究所の調査報告では、複素数計算の成績が大幅に低下しているが、これは平成6年に必須項目からの削除のためである。

今度の学習指導要領書は、ゆとりを重視という教育方針で、さらに学習内容削減の見込みで、高校は小・中の学習のしわ寄で、代数・幾何・解析には相互関連があり、その一部を省略しても科学志向や創造性が無くなるという。

2. 採用試験を見直せ　～新入社員10万人退職の衝撃～

NHK・クローズアップ現代　1999年6月

入社から1年も立たないうちに、折角入社した会社を辞める新入社員が増えている。就職難といわれる今、苦労して入った会社をバッサリと辞めてしまう若者たち、大学・短大卒などで1年以内に会社を辞めてしまうのが10万人を超えている。

日本の終身雇用の労使関係が崩れて、企業の将来に対する保証がない状態での従業員採用に危機感をもつ企業の中には、従業員採用の在り方を根本的に見直す動きも出ている。高い競争率を勝ち抜いて入社した人々が、少数精鋭を求める企業を1年以内に10万人、3年以内に23

万人、実に3人に1人が辞めている。急増する若年退職者の実態と企業の対策を追う。

★中小食品産業などでは、最近の業績から将来の企業幹部にと採用した者の7割が辞めている。それらの入社時の履歴書には就職競争に勝ち抜くための意欲に満ちた抱負が書かれてはいるが、本当の退職理由はわからないという。しかし、就職案内の時に企業現場の実態の詳細な紹介が必要とする動きになっている。

★ある大手企業では昨年までは3万通の会社案内と25回の説明会を開いていたが、インターネットのホームページで、仕事内容・社員紹介・理想の社員像・自己診断の内容を読んで最後の応募案内で、最初のアクセスは33,000人で最終応募 1,500人が面接・試験にと絞られて、去年と全く違う結果になったという。

★印刷業界の最大手の会社では、顧客とのやり取りの中からニーズを先取りし、新たな分野のビジネスを開拓できる経営戦略から、従来の総合的に優れた人材採用を、『コミュニケーション能力』の一点に絞った採用方針に改めている。試験内容も評価基準を決め、インターネット・筆記試験・グループ討議・面接・採用決定と客観的な手順で実施している。

3．17歳の衝動 〜何が"殺人"に駆り立てるのか〜

NHKスペシャル　2000年6月3日　放映

★　愛知豊川主婦殺害………5月1日

17歳の少年が、玄関の扉が約5cmほど開いていたので、見知らぬ家に侵入して逃げまどう主婦を数十回金鎚で殴り、さらに瀕死のその主婦を包丁で刺殺した。警察の取り調べに「人を殺す経験を知りたかった」と動揺もせず淡々と供述している。

少年は地元の高校三年で父の離婚により、祖父の父子教育者の家で育ったが、優しく温厚で怒ったこともなく、数学・理科が得意で問題

を突き詰める性質で、成績優秀で格闘テレビゲームに熱中していたという。学校ではテニス部に所属し毎日練習に汗を流す姿からは、誰も今度の少年の行動と警察への対応は、まったく想像できなかったという。

★　佐賀〜広島バス乗っ取り事件………5月3・4日
　少年の西鉄高速バス乗っ取りで、抵抗する女性3人を刺し1人を死亡させた事件で、その少年は警察の取り調べに対して「親や学校などに不満があって、目立つ行動で社会にアピールしたかった」と供述、さらに「豊川事件は素晴らしい、同じ17歳の運命を感じ、今日実行する」と犯行前のメモを残している。
　この少年も成績優秀で、おとなしい反面、からかわれると顔を真っ赤にして怒り刃物を持ち出すこともあったという。中学3年頃から両親に反抗し暴力を振るうようになり、高校も9日間で通学をやめ、自宅に籠もりインターネットの掲示板に熱中するようになった。両親は少年の行動から殺傷事件を予測して、今年3月5日市内の精神科病院に入院させた。少年は極めて不満であったが、早く退院できるよう医師には反抗を見せなかった。
　5月3日の初めての外泊で、一人でサイクリングに行くと家を出て、高速バスを乗っ取り、翌4日早朝、広島で警察の劇的な対応により乗客を解放した。警察の取り調べに「人を傷つけることで自分の存在を社会にアピールし親に復讐するため」と答えている。
●ＮＨＫのこの件のＨＰに答えた17歳の少年2名を訪ねて、次のような回答を得た。
　有田（仮名）少年も優等生で14歳の頃、自分は空気のような存在と学校を休んでパソコンに熱中するようになり、当時、14歳の第2の酒鬼薔薇聖斗になろうと、人を傷つけたい気持ちの脅迫感に駆られ、自分の瞑想の恐ろしさに気づいたが、今でもその不安は消えないという。

もう一人の少年も優等生で、中学3年になってパソコンに熱中し、高校は一応の通信教育で、一晩中インターネットの掲示板に熱中しいる。掲示板に感動する映画を教えて欲しいの質問に、1晩に60件の回答があり多くの返答者からの自分に対する注目を感ずると親を拒絶し始め、母親もパソコンを習い別室からインターネットの掲示板で子供を見守っている。本人も現状の異常を反省し現状脱出に努力している。

★　横浜金槌殴打殺人未遂………5月12日
　『またもや17才の凶行！件名：クイズです。ヒント、犯人は何処に』の犯行予告を警視庁などにして、横浜の始発電車の中で眠っている男性を金槌で殴打している。
　この少年が9歳のとき両親が離婚し、会社に勤める母親と妹の三人暮らしであった。小さいときから人に話しかけることが苦手なおとなしい子で、内向的な自分の性格を客観的に見つめており、高校進学で楽しい友達もできたと喜んでいたが、突然、殺人への衝動に駆られるようになり、2週間前から高校の保健室を訪ね、小さい頃の思い出がよみがえってくると、親にも喋らず初めて先生に打ち明けている。それは小学1、2年の頃、近所の高校生から繰り返し激しく苛められたことで、先生には殺人への衝動は話していない。
　自分がその年齢になってその心の傷がよみがえって、殺せば楽になるという夢の繰り返しに苦しみ、友達に"僕が人を殺したらどう思う""殺人はどうすればよいか""人を殺したらどんな刑罰を受けるか"と聞いているが、友達はそれを本気で受け止めてはいなかった。犯行後の取り調べに、「誰かの阻止を期待した犯行予告であった」と答えている。
　3件とも自分を支える思慮を失った少年達は、衝動を押さえることができなかった。

※高等動物の雄の暴力は本能で、人間の理性は、肉体の成長に応じた

教育と環境での経験の積み重ねで形成され、理性と感情の調和を図っている。最近のように社会が高度化すると知能の発達も早くなるが、環境が複雑になり経験による理解が不十分になって、肉体的な躍動欲求と理性に不調和が起きる。

過去は、青年の情熱が改革のエネルギーであったが、現状では、若者の躍動に音響・視覚の刺激に訴える、テレビコマーシャルが一般化しており、幼児がテレビを見て失神したり、若者の交通事故死などは、肉体機能とその経験の不足現象といえる。肉体が老化するとテレビ画面についていけないが、テレビの血の滴る映像も若者の快楽を増長する。

またテレビの殺人事件などの報道も感染現象があり、誘発、頻発する。インターネットの掲示板も、学業を放棄するような若者には魅力があり、現代のデジタル化の弊害である。

(問 題)

(9) ＬＣ共振現象の電圧と電流の関係を説明せよ。

(解 答)

無線通信の同調周波数はＬＣ共振現象の利用であるが電力系統の高調波現象の解析には、ＬＣ共振現象における回路電圧と回路電流の理解が大切である。

ＬＣ直列共振現象時インピーダンスは0であるので、その電源回路の電流容量によって共振電流が決まる。

ＬＣ並列共振現象時インピーダンスは∞であるので、その電源回路の電圧構成で共振電流が決まる。変圧器二次母線ではＬＣのそれぞれの電流は二次電圧で決まる。

◆ 第7章 ◆

20世紀の国際政治

7-1　自由・平等理念のヨーロッパの転換点

ヨーロッパの封建的な秩序を正統とする保守反動的体制に反対して、イギリスでは議会政治を通じて自由主義的改革が発展したが、その他の国では1848年は「諸国民の春」として民衆に迎えられたが、現実は革命運動の中核をなした資本家階級が、労働者や社会主義者と対立して旧支配階級の貴族層と提携して、資本家階級と労働者階級との対立が表面化したことによって、19世紀後半以降の世界史を形づくった。

7-2　アジア諸国の変容

アジアの専制国家は、18世紀まで独自の固有な文化を背景に繁栄していたが、19世紀になると、ヨーロッパ諸国が競って対外膨張政策をとり、アジアなど非ヨーロッパ世界に進出し、近代化に悩む領内諸民族の独立運動に列強の介入を招き、インドはイギリスの植民地化した。中国ではアヘン戦争後、列強の圧力が強まり半植民地化が進んだ。こうした中、日本は1868年明治維新を迎え、明治政府はヨーロッパにならって富国強兵を進め、近代工業を起こして資本主義の道を歩みだした。

7-3　第二次産業革命

19世紀後半、重化学工業部門を中心に技術革新が進展し、第二次産業革命の時代を迎えた。製鉄工業は飛躍的に発達し産業の機械化を促進した。蒸気タービンの発電用原動機の発明により電力が動力源として利用された。電信・電話などの発明は通信革命を起こす一方、ガソリンエンジン、ディーゼルエンジンが発明されて自動車や汽船・機関車などに応用され、大量輸送を可能にした。とくに鉄道の発達は目覚

ましく、1830年にイギリスのマンチェスター・リバプール間45kmに最初の商業鉄道が開設、1869年にはアメリカ大陸横断鉄道が、1905年にはシベリア鉄道が開通した。また大型汽船の建造は大量輸送を可能にさせるとともに、運河の建設を促し、1869年にはスエズ運河が完成した。こうした交通・通信機関の発達は世界の一体化をさらに促進させることとなり、また内燃機関の発意と化学工業の発達により、石油に依存する時代が始まった。

重化学工業の発達は、膨大な資金と高い技術力を必要とし、近代資本主義は自由競争を原理として発達した。巨大な資金力をもつ銀行（金融資本）を中心に独占が形成され、国家も積極的にその活動を支援し、独占資本主義または金融資本主義の時代が到来した。

1890年以降、ヨーロッパ列強は植民地と利権の獲得競争を展開した。この膨張主義を一般に帝国主義という。1870年からわずか30年の間に世界の陸地の5分の1、世界人口の10分の1がヨーロッパ列強によって支配されることになった。

15世紀末のインド航路の開拓以後、「暗黒大陸」と呼ばれたアフリカは、1884〜85年のベルリン会議で、先に進出・占領した国の先有権を確認して、土地・資源・労働力が略奪の対象とされた。

7-4 ロシア革命

1914年に勃発した第一次世界大戦はロシアを窮地に追い詰めた。戦争の長期化に伴い、怪僧ラスプーチンに操られる皇帝の無能と前線での敗北などにより、国民は耐乏生活を強いられた。1917年3月8日（ロシア暦2月23日）の国際婦人デーに、首都ペトログラードで自然発生的に「パンよこせ」のストとデモが起こり、労働者・市民もデモに合流した。革命の潮はたちまち全国に波及した。3月15日皇帝ニコライ2世は退位し、ブルジョワジーの臨時政府が成立したが、労働者・農民、抑圧されてきた諸民族の支持は得られず、亡命先のスイスから

帰国して、社会主義革命の実現を説いたレーニンは、後のロシア共産党を指導し臨時政府打倒の10月革命を成功させ、そしてソビエト政権の樹立を宣言し、翌日「平和に関する布告」により即時停戦、無賠償・無併合、民族自決を交戦国の政府と人民に訴えた。列国はこれを無視したが、ソビエト政権は20年末までに、国内の反革命勢力や外国の干渉を撃退し、1922年ソビエト社会主義共和国連邦が成立した。

7-5　ドイツ革命

　第一次世界大戦末期、ドイツでは国民生活の極度の窮乏と敗戦、ロシア革命の影響などを背景に、1918年2月初めにはベルリンなどの工業都市で、100万人以上が参加した反戦ストライキが起こった。労働者が蜂起してドイツ社会民主党も革命派に合流、人民代表委員会政府が成立し、ドイツ帝国は崩壊して臨時政府は11月11日、連合国側と休戦協定を結んで、第一次世界大戦は終結した。

7-6　中国の半植民地化

　アヘン戦争などの敗北により、清朝の中華思想は挫折し、中国の半植民地化が進んだ。19世紀末、帝国主義列強による中国侵略が進む中で、日本の明治維新を範として立憲君主制の実現など、政治制度や社会の変革を目指す変法自強が、光緒帝や康有為らによって始まった。しかし清朝の保守派官僚や西太后らの戊戌の政変で百日維新に終わった。さらに"扶清滅洋"を唱えて山東省に起こった義和団事件も、日・露など8ヵ国が共同出兵して鎮圧し、清は1901年北京議定書を調印した。この結果、外国軍隊の北京駐留が認められ、中国の半植民地化は決定的となった。

7-7　第二次世界大戦の勃発

　1939年9月1日、ドイツ軍がポーランド領になだれ込んだ。これに英・仏は対独宣戦して第二次世界大戦が勃発した。ドイツ機械化部隊と爆撃機は、ポーランド西半部を3週間で占領し首都ワルシャワを陥落させた。一方、独ソ不可侵条約の秘密協定により、ソ連がポーランドの東半分を占領した。1940年春、ドイツ軍はデンマーク、ノルウェー、ベルギーを侵犯してオランダを降伏させた。マジノ線を突破したドイツ軍は、英仏軍をダンケルクに追い詰め、約35万人の英仏軍は辛うじてイギリスに撤退した。イタリアも対英仏宣戦し、ドイツ軍は1940年6月14日パリを占領した。7月ドイツ空軍はイギリス空襲を開始したが、制空権を奪えず、また秋に予定していたイギリス本土上陸作戦も断念した。

7-8　独ソ戦の開始

　ヒトラーにとって共産主義・ソ連の打倒は宿願であった。1940年12月ヒトラーは対ソ戦を決意した。ウクライナの穀物とカフカスの石油は、ドイツの戦略資源でもあった。1941年春、ドイツ軍はバルカンを制圧した。6月22日ドイツ軍と同盟諸国軍はソ連領に侵攻した。イギリスはただちにソ連と対独共同行動協定を調印した。アメリカも9月イギリスなど35ヵ国と武器貸与協定を締結した。ここに帝国主義戦争的性格から、ファシズム勢力対民主主義勢力の戦争という色彩が顕著となった。

7-9　太平洋戦争

　1937年盧溝橋事件に端を発した日中戦争は泥沼状態に陥り長期戦化した。日本の中国侵略は米・英との関係を悪化させ、1939年、アメリ

カは日米通商航海条約の破棄を通告した。日本では、軍部主戦派を中心に東南アジアの軍需資源獲得を急務とする主張が台頭した。

1940年第二次近衛内閣は「大東亜新秩序」の建設と、国内のファシズム体制の確立の方針を定めた。この方針は、北部仏領インドシナへの進駐と日独伊三国軍事同盟締結により具体化された。1941年4月以降始まった日米交渉は難航し、日ソ中立条約の締結はアメリカを硬化させた。7月末の日本軍の南部仏印進駐により日米対立は深刻化した。8月アメリカの対日石油措置以後、軍部の開戦論が主流となり、1940年12月1日の御前会議で開戦が最終決定され、その8日（現地7日）日本の海軍機動部隊がハワイ・真珠湾の米太平洋艦隊を奇襲攻撃した。3日後に独・伊も対米宣戦し世界大戦に拡大した。

7-10　戦局の転換

第二次大戦は1942年夏から秋にかけてが戦局の転換点となった。太平洋戦線では6月のミッドウェー海戦で日本海軍は大打撃を受け、8月以降のガダルカナル攻防戦では日本軍は2万人の死傷者を出して1943年2月には撤退した。一方、ヨーロッパ戦線では1942年11月ソ連軍の反攻が始まり、地中海でも連合軍は1942年11月北アフリカに上陸して反攻を開始し、1943年7月シチリア島に上陸した。これを機にムッソリーニは失脚して1943年9月イタリアは無条件降伏した。

1944年6月、連合軍17万人がノルマンディー海岸に上陸、パリ進撃を開始し8月25日パリはナチス・ドイツから解放された。東方ではソ連軍の反攻が激しくなり、枢軸国側にあったルーマニア・ブルガリア・ハンガリーの政権が崩壊した。東からソ連軍、西から米軍など連合国軍が迫る中、1945年4月30日ヒトラーは自殺し5月2日ベルリンは陥落した。1945年5月7日ドイツは無条件降伏した。

7-11　日本の降伏

　1944年7月、日本の戦略拠点サイパン島の陥落により東条内閣は総辞職した。さらに10月末、レイテ沖海戦で日本海軍の主力は壊滅した。その後サイパン島からB29爆撃機による本土空襲が本格化した。1945年2月に米軍は硫黄島に上陸して、日本守備隊を全滅させた。
　さらに、4月沖縄本島では激しい地上戦が展開され、12万余の県民が犠牲となった。
8月6日広島に、8月9日長崎に原爆が投下された。この間、8月8日ソ連はヤルタ会談の秘密協定に基づいて対日参戦し、満州・南樺太に侵攻、日本兵54万余が抑留された。
　1945年8月14日、ポツダム宣言受諾が決定され、9月2日東京湾の米艦ミズーリ号上で、降伏文書に調印、第二次世界大戦は終結した。

7-12　インドシナ戦争

　第二次大戦中、ベトナムでは、ホー・チ・ミンの指導でベトナム独立同盟（ベトミン）が抗日戦を展開した。日本が降伏すると、ホー・チ・ミンを大統領とする、ベトナム民主共和国の独立が宣言された。しかし、インドシナ再植民地化を表明していたフランスはこれを承認せず、1946年12月両軍の武力衝突を機に、インドシナ戦争が勃発した。1949年3月フランスは、バオ・ダイを首席とするベトナム国を成立させ、ホー・チ・ミン政権に対抗させた。戦争は泥沼化し、フランス軍は1954年5月ディエンビエンフーの戦いで壊滅した。1949年7月、北緯17度線で南北ベトナムに分割され、ジュネーブ協定が調印された。しかしアメリカと南ベナムは最終宣言に調印せず、1955年反共親米のゴ・ジン・ジェムを大統領にベトナム共和国が成立した。これに対して1960年末、反独裁・反米の南ベトナム解放民族戦線が結成され、南政府軍との内戦が勃発した。アメリカは南ベトナム政府軍を支援して

介入の度を深めていった。

7-13　東西対立の兆し

　第二次大戦末期、連合軍の間に変化が現れた。ドイツ占領下にあったバルカン・東欧諸国において自由選挙に基づく、民主的政府の樹立を目指す米・英に対して、ソ連は自身が後押しする人民民主主義勢力を支援し、この地域を自国の勢力圏内に収めようとした。

　1945年2月のヤルタ会談では、ポーランド政権の在り方をめぐって対立は表面化した。戦後ソ連の干渉で東欧諸国に相次いで社会主義政権が成立し、東欧はソ連の勢力圏に組み込まれた。1946年3月チャーチルは"鉄のカーテン"が降ろされたと、ソ連の閉鎖性と危険性を警告した。ここにアメリカを中心とした西側資本主義陣営と、ソ連を中心とした東側社会主義陣営の二つの世界構造が生まれた。

7-14　中華人民共和国の建国

　1945年の第二次大戦終結にともなって、中国国民党と共産党は主導権をめぐって、全面的な内戦に突入した。毛沢東と蒋介石の重慶会談で双十協定が結ばれ、翌年1月政治協商会議で内戦停止が成立した。しかし、6月から再び内戦状態となり、共産党側の人民解放軍は、農民・労働者・知識人・民族資本家などに支持されて反撃し、1949年1月末には北京に入城した。同年9月、毛沢東が提唱した新民主主義に基づく、新中国建設の共同綱領が採択され、10月1日中華人民共和国の成立が宣言された。敗れた蒋介石の国民党は台湾に逃れた。1950年、中華人民共和国は土地改革法により封建的地主制度の廃止など、一連の社会主義改革を進める一方、1950年2月中ソ友好同盟相互援助条約を締結した。

7-15　インド・パキスタン戦争

　第二次大戦中、対英協力により戦後の独立を約束されたインドでは、ヒンズー教徒とイスラム教徒の対立が続く中で、1947年イギリス議会はインド独立法を可決、8月パキスタンと国民会議派を中心とする、インド連邦独立を達成した。統一インドを主張してきたガンディーは、1948年1月30日狂信的なヒンズー教徒に暗殺された。分離独立の際、カシミールでは住民の80％がイスラム教徒であったことから、同地の帰属をめぐってインド・パキスタンは衝突し、1947〜49年第一次印パ戦争、1965年に第二次印パ戦争、東パキスタン（バングラデシュ）の独立に際して、1971年に第三次印パ戦争が起こった。

7-16　第一次中東戦争

　第一次大戦中、イギリスはアラブとユダヤ双方の協力を得るため二重外交を展開した。1915年フサイン・マクホン協定により、パレスチナを含めて戦後のアラブの独立国家樹立を約束した。一方、1917年バルフォア宣言により、パレスチナにユダヤ人の民族的郷土の建設を約束した。さらにバルフォア宣言に基づいて、パレスチナにはユダヤ人移民が増加し、加えて、1930年代にはナチス・ドイツのユダヤ人迫害から逃れて移住者は激増し、アラブ人との対立も激化した。1947年末国連総会はパレスチナをアラブ・ユダヤ両国家に分割し、1948年10月1日までに独立させ、エルサレムは永久に国際管理下に置くというバレスチナ分割案を採択した。この分割案はユダヤ側に受け入れられたが、アラブ側の反対を招いた。イギリスの委任統治が終了した1948年5月14日、イスラエル共和国の建国が宣言された。翌日ヨルダン、レバノン、シリア、イラク、エジプトのアラブ5ヵ国軍が侵攻し、第一次中東（パレスチナ戦争）が起こり、以後、スエズ戦争・第三次・第四次中東戦争が続いた。ローマ帝国のエルサレム破壊に始まるユダヤ

人の離散は、イスラエル建国でひとまず終わったが、それと引き替えにパレスチナ難民の離散は問題を深刻化させた。

7-17 資本主義陣営と社会主義陣営の対峙

　1947年3月12日、米大統領トルーマンは共産主義勢力に苦しむ、トルコ・ギリシャへの経済・軍事援助を声明し、6月マーシャル国務長官はヨーロッパ経済復興援助計画を発表した。その意図は明白で"共産主義による世界制覇を企てるソ連の対外膨張主義に、西側世界が結束して対応すれば、ソ連の譲歩を引き出せる"であり、西欧諸国はヨーロッパ経済協力機構（OEEC）を結成してこれを受け入れ、経済復興が進んだ反面、援助を通じてアメリカの影響力が増幅された。

　ソ連は、1947年10月マーシャル・プランに対抗して、コミンフォルムを結成する一方、米・英・仏・ソの4ヵ国により分割占領・管理下にあった、西側ドイツにおいて通貨改革を断行した。これを機にソ連は、西ベルリンと西側ドイツ地域との陸上交通を全面遮断した。西側は空輸によってベルリン市民の生活物資を供給した。翌49年5月封鎖は解除されたが、これによりドイツの分断は決定的となり、この年ドイツ連邦共和国(西ドイツ)とドイツ民主共和国（東ドイツ）が成立した。

7-18 核戦争の緊張・キューバ危機

　ラテンアメリカは、20世紀初めからアメリカの経済的影響が増大し第二次大戦後は、米州機構（OAS）を通じて、政治・軍事的影響力が強化された。とくに鉱山・石油・大農園などの多くは米系資本の支配下にあった。アルゼンチンのペロン政権、ペルーのベラスコ政権、チリのアジェンデ政権などは、基幹産業の国有化・工業化・経済的自立などを目指したが、いずれもアメリカの支援を受けた軍部クーデタ

ーにより崩壊した。こうした中、キューバでは1959年カストロらによってキューバ革命が成功し、1961年社会主義を宣言して共産圏に加わった。1962年10月キューバでのソ連製ミサイルの基地建設を確認したケネディ米大統領は、海上封鎖を宣言し核戦争の危機が迫った。ソ連のフルシチョフがミサイル全面撤去を確約し危機は回避された。これを機にホワイトハウスとクレムリンに、直通電話回線を結ぶホットライン協定が結ばれ緊張緩和に向かった。

7-19　中国とソ連の対立

ソ連の平和共存路線、社会主義への平和的移行、スターリン批判を契機に、中ソ指導部の対立が現れた。ソ連は1958年の台湾海峡の危機では、毛沢東の対米挑発と非難し、1963年の中ソ会議で決定的に決裂し、中国はソ連指導部を修正主義と、ソ連は中共指導部を教条主義と相互に非難した。この中ソ対立は社会主義陣営内での路線論争・主導権争いだけでなく、1969年には中ソ国境のダマンスキー島で武力衝突にまで発展した。

7-20　苦悩するアメリカ

戦後、アメリカは自由主義陣営のリーダーを自負したケネディは、ニューフロンティア政策を掲げ、とくに黒人の公民権法の制定に努めた。ベトナム問題ではドミノ理論に立って南政府軍を支援し本格的に介入した。1963年11月ケネディが暗殺され、後をついだジョンソンも、トンキン湾事件後に大規模な北爆を強行、1967年には50万近くの大軍を投入したが、ベトナム戦争はますます泥沼と化していった。また1968年4月黒人解放運動の指導者キング牧師が暗殺されるなど、アメリカの社会に暗い影が大きく広がった。

7-21　EC拡大の進展

　第二次大戦による西欧の経済的・政治的後退と共産主義勢化への対応として、アメリカはマーシャル・プランによる西欧の経済復興を企てた。1948年西欧18ヵ国はその受け入れ機関として欧州経済協力機構（OEEC）を設立した。1952年には仏・伊・西独ほか6ヵ国による石油鉄鋼共同体（ECSC）が成立した。その後1958年1月欧州経済共同体（EEC）1967年7月には欧州共同体（EC）が発足し、1993年に欧州連合（EU）へと発展した。さらに、目標の共通外交・安全保障政策の政治統合から、2000年1月1日に単一通貨導入と発展し加盟国も逐次増えつつある。

7-22　米中接近

　ベトナム戦争の泥沼化に伴ってアメリカの国論は二分され、黒人解放運動とも結びベトナム反戦運動が高揚した。1969年大統領に就任したニクソンは、ベトナム戦争からの撤退を模索し米中関係を転換して、1971年7月キッシンジャー補佐官を秘密裏に訪中させた。一方、中国はソ連と武力衝突を起こすなど溝が深まり、アメリカとの対立解消を期待した。

　1971年10月国連における代表権が、台湾から中華人民共和国に交代した。こうした情勢変化に直面した日本は、田中角栄首相が急拠訪中し日中国交回復を実現した。

　アメリカのアジア政策の転換は、ベトナム・パリ和平会談にも反映され、1973年1月パリ和平協定が調印されて米軍はベトナムから撤兵した。ニクソンは1974年8月辞任、中国でも1976年周恩来・毛沢東が死去したが、1979年1月米中国交が正式に樹立された。

7-23　世界経済の混迷

　第二次大戦末の1944年7月、連合国45ヵ国はブレトンウッズ協定を採択した。この協定により国際通貨基金（IMF）と世界銀行が設立される運びとなり、米ドルを基軸通貨とする国際経済秩序の再構築の援助、ベトナム戦争の戦費、在外駐留経費などにより、アメリカの国際収支は1960年代には赤字に転落し、ドルに対する信用度が低下した。1971年8月ニクソンはドル防衛を目的に金・ドル交換停止を発表、同年12月に主要国による多角的通貨調整を図った、スミソニアン体制も1973年2月には崩壊し、主要各国は変動相場制への移行してドル安が進行した。

7-24　中東問題の転機

　1964年パレスチナ人の民族自決を唱えて、パレスチナ解放機構（PLO）が結成され、1969年以降、アラファト議長の指導下に組織的充実を図り、1974年12月には国連オブザーバー代表権を得た。この間1967年6月第三次中東戦争が勃発した。アラブ側は大敗し新たに難民が発生、パレスチナゲリラの活動も活発化した。イスラエルの占領継続を非難する国際世論を背景に、エジプト・シリアが1973年10月イスラエルに先制攻撃し、第四次中東戦争が勃発した。OPEC（アラブ石油輸出国機構）は石抽戦略を発動し、OPECが石油生産削減を公表した結果、第一次オイルショョクが起こった。この石油戦略は典型的な資源ナショナリズムの発露であり世界経済を直撃した。原油価格の高騰に衝撃を受け、不況とインフレが同時進行した先進工業国は、経済不況克服と多国籍企業の問題解決を目的に、第1回サミットを開催し、経済政策の協力と調整を協議するようになった。この石油危機以来、アメリカは本格的に中東問題解決に乗り出すようになった。

7-25　日本の経済成長と貿易摩擦

　日米安全保障条約によると、アメリカの極東アジア戦略の傘の下で、日本は1960～70年代前半に、実質ＧＮＰの成長率は年平均10％と、驚異的な高度経済成長を遂げた。また、70年代には韓国・香港・台湾・シンガポールのアジアＮＥＳが、1980年代にはＡＳＥＡＮ諸国が急速に経済発展した。1970年を境に日米貿易は逆転し、日本の対米黒字は増大した。70年代からの繊維問題に続いて、80年代に入ると半導体や電気製品・工作機械・自動車などの分野で貿易摩擦が深刻化し、日本市場の開放・自由化の要求は強まった。

　1985年にアメリカが債務国に転落し，アメリカ経済への不安感が広まり、先進5ヵ国によるドル安を容認したプラザ合意にもかからわず、1987年10月19日には株価が大暴落して国際経済の混乱が進展し、1995年には世界貿易機関（ＷＴＯ）が発足した。

7-26　冷戦の終結

　1960年代後半から，ソ連では共産党独裁による自由の抑圧、官僚主義に対する反体制知識人の批判が顕在化し始めていた。さらに農業不振・工業成長率の低下など社会主義計画経済は行き詰まり、アメリカとの軍拡競争を背景に、過重な軍事費に圧迫された国家経済は破綻した。1985年3月ゴルバチョフが共産党書記長に就任すると、ペレストロイカ（再編成・改革）情報公開を柱に国内では、中央指令型計画経済から市場経済に移行、複数候補者制選挙の実施や、大統領制の導入など大胆な政治改革を断行した。外交面でも「新思考外交」を掲げ、1968年の軍事介入を正当化した，制限主権論を放棄して東欧への不干渉を表明し、アフガニスタンからも撤退した。

　とくにアメリカとの改善に努め、1987年中距離核戦力全廃条約を調印し、1989年12月ブッシュ・ゴルバチョフの米ソ首脳のマルタ会談で、

冷戦構造の終結が宣言され、1991年には戦略兵器削減条約（START）も調印された。

7-27　東欧革命とドイツ統一

1956年のポーランド・ハンガリーの反ソ暴動なども、東欧諸国はワルシャワ条約機構やコメコンの制約、ブレジネフ・ドクトリン（制限主権論）を適用し改革を阻止されてきた。しかし、1985年ソ連のペレストロイカを柱とした改革政策の導入は、東欧諸国に波及し、東欧諸国の反体制運動や民族主義運動を高揚させた。1990年のポーランド大統領選挙でも「連帯」の指導者ワレサが当選した。東ドイツ国内でも反体制運動が激化し、社会主義統一党のホーネッカーを退陣させ、1989年11月東西ドイツの国境は開放され、「ベルリンの壁」を崩し、1990年10月3日西ドイツが東ドイツを編入する形でドイツは統一された。

7-28　ソ連邦の消滅

ペレストロイカを徹底するための権限強化の目的で、1990年3月共産党の集団指導性を放棄し大統領制を敷きゴルバチョフが就任して、共産党一党独裁の廃棄をして複数政党制が採用された。6月ロシア共和国が主権宣言を発し、以後各共和国で主権宣言が出された。1991年共産党保守派が8月革命を起こしたが、ロシア共和国のエリツィン大統領らが抵抗を指導し、改革派や軍の一部と民衆の絶大な支持によりクーデーターは失敗した。ゴルバチョフは共産党書記長を辞任し共産党の解散を宣言した。さらにゴルバチョフ政権がバルト3国の独立を承認と連邦解体が促進された。12月にはロシア・ベラルーシ・ウクライナの3共和国が、連邦条約破棄と独立国家共同体（CIS）創設に合意し、旧ソ連11共和国によるCISが成立した。1922年に発足した

ソ連の歴史は幕を閉じ、20世紀における人類史上初の社会主義体制マルクス・レーニン主義の実験も74年間で終焉した。

7-29　ユーゴスラビアの民族紛争

　社会主義という「求心力」が放棄された多民族国家の旧ソ連の諸地域では、自動小銃などの小型武器の輸出で、アルメニア・アゼルバイジャン紛争、チェチェン紛争、タジキスタン紛争など民族運動が活発化した。6共和国と2自治州で構成されていたユーゴスラビアでも、連邦の強化を主張するセルビアと自国経済の主権を主張するクロアチア、スロベニアなどが衝突し内戦が勃発した。1992年ECが6共和国の独立を承認したため、旧連邦の解体は決定的となり、セルビアとモンテネグロが新ユーゴスラビア連邦を結成した。一方、セルビア人・クロアチア人・ムスリムの3民族が混在していたボスニア・ヘルツェゴビナも、複雑な宗教人口構成のモザイク状態の中で内戦に突入した。地域紛争・民族紛争は、有効な解決策はいまだ見出せない状態が続いている。

　ユーゴスラビア南部のコソボ自治州は人口の8割をアルバニア系住民が占め、セルビア人系住民は少数派であるが、1989年ユーゴ大統領がコソボ自治権を縮小したので、これに反対したアルバニア系住民は独立志向を強め、強行派がコソボ解放戦線は武力闘争でコソボの3〜4割を支配した。ユーゴ軍は攻勢を強化したのでアルバニア系住民約40万人が難民化した。このため欧米諸国が調停に乗り出したが、コソボ自治州はセルビア人系住民が住んでいた豊かな土地に、アルバニア系住民が南から移住してきたもので、ユーゴスラビア共産化の時に自治州になった経緯があり、過去の経緯を無視した欧米諸国の調停が不調を理由に、米軍・NATOのユーゴ空爆の開始と同時に、アルバニア系住民の追い出しが強まった。それに対する徹底した空爆でユーゴ軍は撤退に同意したが、難民化したセルビア人系住民の帰還と入れ代わ

り、セルビア人系住民が難民化する事態となった。

　小国をアメリカに被害がない空爆の手段よって、一方的な大国の論理で小国の国土を破壊するのは近代的な対応とはいえない。アルバニア系側の住民がテロ活動を慎んでおれば、平和的に住民の混血同化が進み、新民族として地球上から戦争を防げるはずであった。

　その後のNHKの報道番組では、日本の現地のNGO活動でアルバニア系側の住民への生活援助は武器を棄てることを条件になった難民化で失った乳牛購入資金などの援助をしているが、武器を回収する段階になって、テロ活動の成功と自治州から独立した勲章の武器は渡さないと拒否している。テレビ映像がその現実の実態を表現している。

7-30　21世紀に課せられた問題

　第二次大戦後、地球上の人口は爆発的に増加し続けており、2050年には100億人を超えると推定され、この人口爆発は発展途上国を中心に起きており、食料不足や資源・エネルギー問題などとも直結した地球規模の問題である。19世紀以来の科学の発展と工業化は20世紀で促進されて、経済的豊かさと利便性を求めて大量生産と低コスト化を可能にし、自動車や電気製品などの普及は生活に利便性を与え、ラジオ・テレビ・電話の浸透により情報はリアルタイムで伝達されるようになった。とくに1970年以降、急速に発達した集積回路とコンピュータは大量の情報処理と機械制御を可能にし、人間とコンピュータの共生時代を迎えようとしている。

　しかし、工業化は地球環境に甚大な影響を及ぼし始め、海洋汚染・公害・酸性雨・有害廃棄物や森林破壊、オゾン層の破壊、地球温暖化と異常気象などは、便利さと豊かさを求めた20世紀人の負の遺産に対して、1992年には環境と開発の国連会議（地球サミット）で地球温暖化防止条約と、生物多様性保護条約が調印されたが、世界経済の景気動向に支配されて地球環境問題は先送りとなっている。

第7章のビデオ要約記事

1. 日本株式会社の昭和史
～宮崎機関の構想～無条件降伏～日本型経済～

NHK・ETV　3回シリーズ　1994年3月

第1回　宮崎機関の構想

　1936年（昭和11年）出版の著者マリーシュの『日本株式会社』は日本では発禁であったが、その予言のとおりであるという。第一次大戦後のバブル経済が崩れた世界恐慌を、アメリカは公共事業を中心に関与するニューディール政策で経済を立て直した。同時期はソビエトの工業化5ヵ年計画・ヒトラーの台頭、日本では娘身売や労働争議が頻発した。

　その社会不安に高橋亀吉の株式会社亡国論、北一輝の国家改造案原理大綱など資本主義社会の改革が叫ばれ、日本財閥に対する不満が高まり三井財閥男爵の射殺事件も起きた。

　宮崎義男はモスクワ大学で法津を学び、農業国から重工業へと移行するソ連の統制経済の研究者で満鉄の調査課にいた。石原莞爾陸軍参謀はベルリンに留学し、第一次大戦の実態を見て日米戦争は消耗戦で重工業化が必要と、日本の活路を満州に求めた。

　満鉄（南満州鉄道株式会社）は日露戦争後の1905年（明治38年）設立で、満鉄の調査課は専門スタッフ300人を数え、当時、世界最大のシンクタンクで経済の専門家が集まり、産業開発のための資源調査や経済政策を立案していた。

　石原は満鉄調査課を満州開発に活用。最終戦争に勝つためには急速な経済成長が必要であり、そのためには20年間戦争しないで力を蓄えるべきとして、貴族院議員の近衛文麿・三井財閥の池田成彬の協力を得て、満鉄調査課の宮崎を東京に呼び国家の改造を目的として、参謀本部の直営のシンクタンクの日満経済研究会（通称宮崎機関）に各所

から二十数人の学者を集め、宮崎構想の統制経済を実践し国家管理するために、官僚が次々に渡満し管理が満鉄から官僚へと移っていった。

宮崎機関の構想は1937年（昭和12年）からの5ヵ年計画であったが、関東軍の暴走で日中戦争が勃発、泥沼化して戦争しないという石原構想も崩れた。

第2回　無条件降伏

撫順炭鉱や昭和製鋼と満州の工業化計画は順調であったが、参謀本部の意見が分かれ戦争続行派の武藤章と対立して破れ、国力は戦争続行で消耗し続けた。1938年（昭和13年）東条内閣になって石原は参謀本部を去り、宮崎機関は1940年（昭和15年）に解散し宮崎は歴史の舞台から姿を消し、宮崎の日本改造計画案も闇に埋もれてしまった。

石原の失脚を境に満州の官僚達は日本の省庁に戻り、1939年（昭和14年）10月には岸信介は商工次官に就任した。軍事を優先する軍事産業へと、時の近衛内閣は満州引き揚げの革新官僚を中心に企画院を設立し、満州の経験を生かし戦時型の統制経済に、財閥の利潤追求を改めて資本家から経営者を独立させる商法改正しようとしたが、民間からの反対も強く当時の商工大臣小林一三が企画院の岸信介を辞任させ、その後1941年（昭和16年）1月企画院事件で和田や稲葉などを治安維持法で逮捕、1944年（昭和19年）まで身柄を拘束した。

その頃、日本の南方進出に対してアメリカは、在米日本資産の凍結・対日石油輸出禁止の経済封鎖で対抗した。東条内閣は太平洋戦争に突入し軍需産業拡充が急務となり、さらに厳し統制経済体制へと政府は企画院と商工省を合併して軍需省にして、軍需会社法で政府が社長の任命を行い、商業金融を事業金融へ移行する軍需会社指定金融機関制度や、労働者を優遇する大日本産業報国会の組織化で戦時体制を整えた。

戦前と戦時中をデータで比較すると、産業資金供給は1939年（昭和

14年) に株式と民間金融が逆転し、その後メインバンク制の間接金融が進んだ。ホワイトカラーがブルーカラーの何倍の所得かは、戦前から戦中にかけて急速に縮まり、1943年 (昭和18年) には逆転もあったが、ほとんど差が無い戦後型になっている。長崎の原爆で無条件降伏し、占領軍は官僚機構活用のGHQの間接統治式を採った。

第3回　日本型経済

　GHQの最初の仕事は旧勢力の一掃であり、戦犯・公職追放・財閥解体・農地解放・労働組合の育成であった。政府は経済安定本部で官僚主導の統制経済の石炭・鉄鋼の傾斜生産方式を採ったが復興は進まなかった。1950年 (昭和25年) 朝鮮戦争勃発で、その特需がカンフル剤となって漸く復興経済が軌道に乗った。

　1949年 (昭和24年) 商工省は、貿易と産業振興の行政を兼ねる"通商産業省"に生まれ変わった。1952年 (昭和27年) には近代化計画の「企業合理化促進法」で、設備投資に様々な優遇処置を採った。財閥解体で造船の川重から分離した川崎製鉄は1950年 (昭和25年) に設立した。当時、安本や日銀は消極的であったが、通産省は溶鉱炉を持つ銑鉄一貫工場として認めた。昭和製鋼の満州引き揚げ者などの努力で翌年1号炉が完成、それが引き金になって、住友製鉄・神戸製鋼も銑鉄一貫工場を作った、世界の粗鋼生産高は、1980年 (昭和55年) アメリカを抜きソ連に次ぐ2位になっている。

　政治の面では1952年 (昭和27年) の血のメーデーから保守合同が唱えられ、1962年 (昭和32年) から岸・池田・佐藤と官僚出身の首相が続き、国民所得倍増計画で欧米を追い越せの高度成長政策は奇跡であった。1961～1971年の間に国民総生産額は8倍に、産業資金の供給は、1939年 (昭和14年) に反転してほとんど民間銀行に、日米の主要企業の資本構成は、日本はアメリカの1/3程度で、日米の離職率は日本は戦後大幅に少なくなっている。

　1965年の貿易自由化対応の国際競争強化法に代わり、企業の合併が

進み銀行の護送船団方式が確立した。その後公害の発生、1971年のドルショック・日本列島改造論・オイルショックを乗り切り、労使一体のQC活動で日本型経済が貿易黒字を拡大し、外国からは自由化・規制緩和の要求が相次ぎ、国民は住宅問題・東京集中化など、豊さの実感を問題にするようになった。

2. 深刻化する経済危機　〜インドネシア新体制の試練〜
NHK・クローズアップ現代　1998年3月16日

　繁栄の夢に酔っていたアジアを不安と混乱に陥れた経済危機、その中でも最も深い痛手に苦しみ続けているのがインドネシアである。わずか半年で通貨ルピアは1/4に下落し、それが引き金になって企業が続いて倒産、失業者は遂に一千万を越える社会不安から各地で暴騰が起き危機は直前までに迫っている。

　その遠因は独立の父スカルノ初代大統領の時、共産勢力のクーデターで中国系住民12万人虐殺事件の制圧軍司令官スハルトが、その後家族主義の憲法の基に金融自由化を条件に華僑の協力で、30年以上にわたって7〜8％の経済成長で開発の父として君臨してきた。

　経済危機深刻化の直接の原因は、昨年の通貨問題のASEAN首脳会議に体調を崩して欠席したことが、スハルト後の政治と経済の先行き不安の思惑で、地元の企業はシンガポール・マレーシアの異常避難用ドル口座に、中国系住民は国内銀行から海外の銀行に資産の移替、一般民衆もルピア売りドル買いで、短期間に為替レートが下落した。

　そのルピアのインフレで生活物資の買溜めパニックが起り、これに政府は一時しのぎに在庫物資を放出し、大統領は地元の企業の代表を集めて、資産の移替復帰を呼び掛けたがその効果は現れなかった。

　本年（1998年）1月IMF（国際通貨基金）から融資を受ける条件に、抜本的経済改革を行うことで調印したが、その後大統領が内容の一部に反発したためIMFは融資を滞っている。

アメリカはＩＭＦ指定の再建策の即刻実施を要求しているが、インドネシア憲法の家族主義に対して、自由市場原理の導入には時間が必要と、欧米資本と華僑資本のアジアと欧米の争を警戒した条件闘争になっている。アジアの大国日本の調整が注目されている。

3．スハルト大統領辞任　〜混迷するインドネシア〜
　　　　　　　　　　　ＮＨＫ・クローズアップ現代　1998年5月21日

　経済危機の略奪放火の暴動：スハルト大統領は32年前に、家族主義と金融自由化を前提に華僑の協力で経済成長を続け、開発の父とし君臨してきたが、体調を崩してＡＳＥＡＮ首脳会議に欠席したことが、スハルト後の政治経済の不安の思惑で、ルピアの急速な外国流出で経済危機に陥った。大統領は地元の企業代表に、資産の国内復帰を呼び掛けたがその反応が無く、今後の対応の腹案をもって、第7期の大統領に就任し、ＩＭＦとの金融支援の条件交渉を続けたいが、大統領不在を狙った貧民や学生の略奪放火のパニックで、数百人の焼死者がでて、大統領退陣を求めて、4月20日の『民族覚醒の日』に学生やイスラム教徒の百万人を動員した、反政府集会やデモを計画した。

　スカルノ大統領の業績：1965年ベトナム戦争の頃、左翼思想の浸透でインドネシアにクーデター成功の発表で、その鎮圧司令官として登場、共産主義者数百万の徹底した検挙・粛正を行い、虐殺された華僑に金融自由化を約束し、その協力で工業化・高度成長と順調な経済発展で近代化を図り、庶民→華僑→一族のピラミッド構成が確立し、人口3％の華僑が、経済に80％の影響を与えるようになった。

　スカルノ大統領の辞任：スカルノ大統領は、デモの前日の4月19日の午前に、国民に向けたテレビ演説で"この危機に辞任は大統領の責務が果たせない"と改革実行案を示した。『民族覚醒の日』の未明、イスラム教団体議長が、"不測の事態を避ける"と首都での集会中止は阻止されたが、その翌日、独裁者としての機能不能と辞任し、憲法

の規定でハビビ副大統領に引き継いだ。インドネシア危機の本質は、『外国に逃避した華人マネーの復帰』で、これでは政情混乱で生活困窮化の危機状態は解決しない。

4. 行き詰まった借金財政　〜ロシア金融危機の舞台裏〜
　　　　　　　　　　　NHK・クローズアップ現代　1998年8月19日

　ロシア経済は1992年に市場経済に移行してから最悪の事態に陥っている。大量に売られる通貨ルーブルを買い支えてきたロシア政府は、8月17日（月）過去7年間の成果を台なしにする、ルーブルを30％以上切り下げる処置を取った。慢性的な財政赤字を抱え、予算の不足を政府はルーブルの大量の印刷で補ってきた。その結果、厳しいインフレになり、その対応として1995年3月にIMFの指導の国債発行に乗換え、年率100％のインフレを翌年は、20％に下落させる成果を上げたので、1996年初めに国債の取り引きを外国投資家にも解放した。

　1997年の大統領選挙に、共産党の進出で支持率20％以下の劣勢を、大統領権限で予算のばらまきで挽回したが、その時の国債発行が要因で、高金利の短期国債で借金を返すために、国債発行の自転車操業になっていた。

　1997年10月のアジア通貨危機が契機で、1998年になって国債の発行は減っているが、自転車操業が破綻して、1998年8月ロシア政府は国債を償還できなくなるとの観測が広がり、ルーブルを売ってドル買の動きが加速して、外貨準備が底をつきはじめ、ついに8月17日のルーブル切り下げと短期国債の取引停止を発表した。

　今回の金融危機の根本原因は財政赤字で、財政再建の緊急対策として、①歳出の削減、②税金の増収を掲げ、今夏から強力な税金警察を設け、厳しい脱税摘発を行っているが、社会主義時代の慣習でロシアには、納税の義務感が定着しておらず"税金を納めても政府は何もしてくれない"という国民の反応である。

国税局は税金滞納企業リストを発表、税金の取立ては新興財閥にもおよび、新興財閥は政策不条理・無責任と、政府に対する『公開抗議文』で抵抗している。ロシアの銀行は企業向けの融資が少なく、企業は自己資金での操業で、ただちに工業生産設備が停まることはないという。

5. 混迷のロシア　～エリツィンの改革破綻～

　　　　　　　　　　　　　　ＮＨＫ・スペシャル　1998年10月

　1992年の市場経済移行から慢性的な財政赤字に、ルーブルの大量印刷で激しいインフレになり、1995年3月にＩＭＦの指導で国債発行に乗り換え、翌年、国債取引を外国投資家にも解放した。その後1,500行も銀行が誕生したが、国内産業の資金には振り向かず、利益追求のマネーゲームに奔走し、銀行員や新興企業はこれが資本主義と、貧富の差で豪華な生活を謳歌していた。

　1997年の大統領選挙に大統領権限で、予算のばらまきによる劣勢を挽回したが、その時の国債発行が要因で、国債償還が不能の観測が広がり国債発行も不能になった。社会主義から資本主義への、移行期経済研究所などで検討した結果として、1997年8月17日35歳で首相になったキリエンコが、これ以上財政と金融システムを悪化させないために、ロシア政府は断固たる処置をとると、ルーブル切り下げと短期国債の取引停止を発表した。その1週間後にキリエンコは職を解かれた。

　それから2ヵ月、政府の対応も決まらず、ほとんどの金融機関が破綻して、高級マンションに住む銀行員は、失業し再就職の見込みもない状態になっている。一般の地方産業はもともと金融機関が振り向かないので、現状維持の自給自足体制であったが、設備の老朽化・非能率に苦しみ、外国との競争に歯が立たず賃金の未払いが多くなった。金融機関破綻で生産工場も、原始経済の物々交換で細々と生産を続けている。

ロシア最大の自動車メーカーは、1993年に民営化されたが、決済するルーブル不足で部品メーカーに新車で支払っている。ロシア薬品の2割を生産する薬品メーカーもバーター部を設けている。各地で大統領罷免決議やロシア全土のゼネストが催され、改革や民主主義という言葉は、政府を批判する言葉に変わっている。

6.「世紀を越えて」・『苦悩化する国連』を読む
　　～国連の平和維持活動～

ＮＨＫ・ＥＴＶ特集　　　1999年8月

　1945年国連の建設資金や運用の大半を、アメリカが拠出して国連誕生の主導権を握った。その国連構想の中で最も問題になったのが、五つの常任理事国の拒否権で、拒否権乱発で安保理は機能停止に追い込まれ、ベトナム戦争は安保理の議題にもならなかった。

　90年代国連は冷戦崩壊後の世界秩序の維持に積極的に踏み出し、国連の裁定の象徴として期待を集めたのがＰＫＯ（国連平和維持活動）で、頻発する内戦の処理に安保理では拒否権もなく、次々にＰＫＯの派遣が承認され、青いヘルメットの部隊が各国に送り込まれた。1991年に起こった湾岸戦争では、国連安全保障理事会（ＵＮＳＣ）が多国籍軍の軍事行動を承認して、クエートに侵入したイラク軍を、アメリカが主導する多国籍軍が攻撃しそれを阻止した。

　その３年後の1994年に国連主導の平和維持に試練が訪れた。1993年ソマリア内戦の武装グループ戦闘に、30ヵ国28,000人のＰＫＯ部隊を派遣したが、その戦闘に巻き込まれてアメリカ兵の死体を引摺る画面が報道された。その世論で、各国で分担しているＰＫＯの予算は、大統領令で「ＰＫＯはアメリカの国益に貢献するものとする」とその活動を制限した。

　その年、中央アフリカのルワンダで、内戦の停戦していた合意を破って80万人もの人々が虐殺された。停戦監視のＰＫＯは暴動化した内

戦には、無力で講ずることなしで引き上げた。そして、今年3月NATO軍によるユーゴースラビア空爆が行われ、NATOが史上初めて安保理決議を経ずに、武力行動に踏み切ったので国連の威信が大きく低下した。

国連の活動はPKOばかりではなく、ユネスコ・食料・環境・ユニセフ・労働・保健など多岐にわたり、国連と並行しいる機関のNGO（非政府組織）の開発途上国の、社会開発援助など、今後、これらの一層の活動が期待される。

7.「世紀を越えて」・『核兵器機密映像が語る』を読む
　　～いま何ができるのか～

NHK・ETV特集　1999年9月5日

1954年3〜5月にかけて太平洋のビキニ環礁での一連の水爆実験で「死の灰」が問題になり、原水禁（原水爆禁止）世界大会と発展した。米ソは環境の影響が少ないとされる、地下核実験の準備が進んだので、1963年3月米・ソ・英は部分的（大気中・宇宙空間・水中）核実験禁止条約締結をした。

今度は、1996年9月に国連で包括的核実験禁止条約が採択されたが、インドは総ての核爆発の禁止は、核大国はすでに大量の実験データを持っており、コンピュータによる未臨界実験で目的は達せられ核爆発実験不要で不平等という。

もともと、1940年代プルトニウムの起爆実験に失敗し、2種類の火薬を使い32素子の2段爆縮に成功。1945年7月世界初の核起爆実験に成功して広島・長崎の原爆となった。その2段爆縮は、極秘扱いにされたが50年を経過して極秘性がなくなり、今年一部公開された。

当時、2段爆縮開発関係者は米国の独占には問題ありと、そのデータをソ連に流したので、1949年ソ連、52年英国、55年仏、さらに中国、インド、パキスタンと実験に成功しいる。

現在、核大国の軍部はすでにイラクやコソボの空爆のようにミサイルは不要で、軍事評論家は、超小型の戦略核を将来テロ集団などで利用するおそれがあるという。

　現在の米・ロシアでは核兵器の維持管理・開発は必要と、とくに米国は新たなミサイル開発を警戒して、衛星から宇宙空間を飛ぶミサイルを関知する施設を完備しいる。

　核兵器の開発は、地上→地下→コンピュータを経て、現在は原爆を使わず残留放射能が発生しない、綺麗な核兵器といわれる『純粋水爆』となっており、ロシアでは磁気エネルギーを、米国ではレーザによる起爆実験中である。

※このことは電気技術者として原子力発電に代わる待望の核融合技術であるが、核兵器が目的の研究であるのが残念なことである。

8.「世紀を越えて」・『戦争、果てしない恐怖』
　　～地雷無差別兵器の残虐～

　　　　　　　　　　　　　ＮＨＫ・スペシャル　1999年9月5日

　対人地雷が生まれたのは第一次大戦の時で、それ以来300種を超える対人地雷が造られ、兵士も市民も大人も子供も無差別に傷つけることから、悪魔の兵器といわれてきた。地雷は世界中で1億2千万個が埋められており、1日に70人の人が死傷している。『世紀を超えて』は、この果てしない戦争の恐怖・対人地雷の終わりなき悲劇に迫る。

　4年以内に地雷を全面廃棄する、対人地雷全面禁止条約署名式が今年3月に行われたが、5月の世界ＮＧＯグループの現状報告には、条約署名してない中国・ロシア・米国の保有する数は2億個で、署名したアンゴラでは、今も対人地雷を使用していると報告している。

　世界最大の地雷被害国といわれるアフリカのアンゴラでは、激しい内戦のため毎日病院に被害者が運ばれてくるが、今も新しい地雷が埋められて被害は絶えず、多くの人の足を奪うなどの悲劇を生みつつある。

アンゴラは24年前に、ポルトガルから独立した新しい国で、石油資源とダイヤモンドを産出する資源国である。当時の冷戦でソ連・キューバ支援の政府軍と、米・英に支援された反政府軍との間に、30年以上も続く内戦が国土を地雷だらけにし、戦闘は今でもアンゴラ各地で起きている。東西二つの勢力の権力争いがこの直接の原因である。

国の海側を支配するのが政府軍で山側が反政府軍、その戦闘最前線で大量の地雷が使われている。アンゴラ第二の都市フアンボは、内陸部につながる拠点で、街は農地の地雷源で囲まれ、交通は空路のみで孤立し、被害者は街周辺の農民に集中し、アンゴラの人口は1,100万人、そのうち10万人の被害である。しかも、ＮＧＯの地雷撤去作業も、反政府軍阻止のためにと中止、反政府軍は地雷による避難民の増加で、政府勢力を弱めると、地雷の残酷は続く。

9. 朝鮮半島・南北首脳の対話が始まる

　　　　　　　　　　　　　ＮＨＫスペシャル　2000年6月10日

日本敗戦後、南北別々に建国してその2年後に、南北合わせて120万人の犠牲の朝鮮戦争で、北緯38度線で南北に分離され、離散家族1,000万人の消息不明のまま、半世紀が経過してしまい、ようやく南北首脳の対話が始まることになった。

その直接の動機は、韓国大統領の『太陽政策』の忍耐・努力によるもので、金大中は軍事政権の死刑を含む弾圧に耐えて民主化の先頭に立って来た人物で、1998年2月の大統領就任式に最重要課題として『太陽政策』を取り上げ、民間レベルの交渉を推進するとして、人道・資源に関して北側訪問を認め、食糧スーパートウモロコシ開発者などが度々訪問指導しているが、北側はしばしば軍事的な挑発を繰り返し、韓国国民の反発の大きい中で、さらに民間産業の北側進出も認め、金剛山観光の大型観光船が1998年11月に出航した。それに乗船していた現代グループの名誉会長のもとに、金正日総書記が尋ねてきて

早く開発を進めて欲しいと要請した。

これを受けて、2000年3月ベルリン自由大学での金大中は講演の中で、北側当局の要請があれば経済支援をすると宣言し、閣僚レベルの交渉が始まり2000年4月8日に南北首脳会談に合意した。

一方、北側の金正日は、1998年9月に最高人民会議で国防委員長に就任し、『強盛大国』：軍事・経済に強くなる方針で、軍事力強化で経済的な協力を引き出そうしたが、慢性的な食糧難に加えてエネルギー不足で、農業政策もマヒ状態であった。1999年5月アメリカ前国防長官が訪朝をはじめ、ロシア・ヨーロッパ・アジアの各国との関係改善をと、2000年4月には日朝国交正常化交渉と、外交劣勢の国際孤立からの脱却と経済援助の獲得を図ってきた。

中国の文化革命以降、1992年8月の中韓国交樹立と疎遠になっていた中国に、2000年5月29日に訪中し疎遠を詫びて協力を依頼した。中国は朝鮮南北両国との国交と大歓迎で、アメリカのアメとムチの『関与政策』はカヤの外で、今後のアメリカの対応が問題になる。

日本には、敵視政策の①対話と抑止②戦前・戦後の謝罪と補償であるが、日本は日本人の拉致問題の調査解決が前提であると、世界の平和共存の動きに取り残されそうである。

※戦後、単一民族で分断された国は、ドイツ・ベトナム・朝鮮などあるが、朝鮮の南北分断の問題には日本の責任も重大であるので、昭和生まれの人はわからない当時のラジオニュース解説や新聞報道の、今でも忘れない強烈な印象を説明すれば、北側の主張が明確になる。当時はレッドパージが一般化しておらず、貧民大衆には自分たちを解放してくれるとして、共産軍の進撃は民衆の協力で破竹の勢いで旧勢力を駆逐してきた．

ヤルタ会談に基づき、ソ連は不可侵条約を破って1945年8月8日に対日戦に参加、朝鮮の日本軍を破りソ連軍の朝鮮占領が確実視されたが、日本降伏後の朝鮮の処理が決まっていなかったので、8月15日になっ

て急遽に北緯38線で米ソの分割占領を決めた。そのため北側のソ連軍は日本軍捕虜を連れてシベリアへ引き揚げた。

その後、ソ連の指導で金日成が『朝鮮民主主義人民共和国』の成立を宣言した。南朝鮮は米軍政府の大統領選挙で就任した李承晩が、1948年8月15日に『大韓民国』の成立を宣言し、反対派に暴力的な弾圧政策をとった。

中国共産党が国共内戦の勝利の雰囲気で、金日成が李承晩の反対派への暴力的の弾圧を止めないと、北側は38度線をえた進撃を予告して、1950年6月2日に予告どおりに進撃し米駐留軍を釜山まで追い詰めた。その時、国連に拒否権を持つソ連は国連をボイコットしていたので、日本占領軍が国連軍として仁川に大軍が上陸して反撃、人民軍を中国国境近くまで追い詰めた。国連軍が北緯38度線を越えると中国は参戦すると予告していたので、義勇軍を組織し人海戦術で再びソウルを攻略することになり、国連軍総指令官マッカーサーが満州の原爆攻撃を計画したが、米大統領がこれを認めず総指令官は更迭されたが、激しい一進一退の殺戮戦の繰り返しで1953年7月に休戦協定は成立したが、南北間の敵対意識が強まって1,000万の家族離散問題はそのままになった。

その後、南北対立改善は、1972年7月に統一促進の『統一3原則』の共同声明の発表されたが、1973年8月の金大中拉致事件で北側は一方的に交渉を打ち切った。その後 1991年12月から8回にわたっての南北首相会談では『統一3原則』の解釈で対立した。1994年6月のカーター元米大統領の斡旋で首脳会談の日まで決まったが、金日成首席の急死で問題解決は頓挫していた。

これらの問題が、どのように妥協して不信を解消し南北統一が図られるか注目される。北側の南北共同声明からの一貫した『統一3原則』の解釈を補足しておくと、

① 自主的に解決……………………アメリカに干渉されることなく。
② 平和的方法で実現………………敵視をなくし国家安保法の撤廃。

③ 単一民族として民族的大団結…朝鮮半島から米軍の撤兵。
最近の韓国抜きの米朝交渉を転換した南北首脳会談の進行に、アメリカの対応が問題である。日本が主張する日本人拉致問題の調査解決は、自由な人の交流があれば自然に解決する。

　金大中大統領の『太陽政策』に徹すれば、単一民族の誤解は次第に解けるものである。

問題

(10) エクセルギーについて説明せよ。

解答

　これは熱力学第2法則に着目したエネルギーの表現で1945年頃から研究され「仕事可能度」や「有効エネルギー」などの用語が用いられていたが、1956年VDI（ドイツ技術者協会）で正式にエクセルギーという用語が採用され、我が国でもこの用語が普及した。これは利用価値の高い電気エネルギーなどを冷暖房熱源以外に利用価値のない温水と同一に860kcal/kwhと表現するのは不適格で、適切なエクセルギー的評価が必要である。

[問 題]

(11) 電動力応用機器の特徴的な性質について述べよ。

[解 答]

　電動力応用は電動機応用が適切な表現である。誘導電動機は定格電流の5～6倍の無効分の始動電流で負荷のトルクに抗して運転状態に移行するので、電動機の容量と供給電源状態で始動時の電圧降下が問題になり適切な始動装置の検討が必要である。誘導電動機の運転特性は電圧変動に対して定出力特性であるので、瞬時電圧降下は系統全体の現象であるので、電源容量と電動機の群容量との間に過渡安定度の限界がある。

[問 題]

(12) シミュレーション手法について述べよ。

[解 答]

　模擬実験。コンピュータや経営学の方法によってモデル問題をつくり、種々の変数を使用して経済の動向予測など、複雑な問題を分析・研究する。しかし、模擬実験ではモデルが実態と違えばその予測は意味がない。
　これに対して、アナログ的感覚で体系的に対象の問題構成を的確に把握していれば、当たらずとも遠からずであってシミュレーションの繰り返しによって、次第に最適値に収束するようになる。

◆ 第 8 章 ◆

20世紀の自由経済

8-1　マネー（貨幣）の歴史と技術の進歩

物々交換の時代は、等価の物を交換することでその場で決済していたが、石、貝を素材にした物の代わりの貨幣が現れ、その貨幣の進歩により金属の貨幣が出現した。さらに印刷技術や製紙技術の進歩により、高額貨幣の出現によって即時決済、支払い手段の道具として貨幣が利用され、決済手段も取り引き時点で決済が完了する即時決済と、信用に基づく信用決済手段とに発達した。さらにその年の気候によって豊作、不作と変化の大きい農作物については、その生産者と問屋間で種蒔きから収穫時の価格を決める先物取引きが、株式にも適用しその相場性と、信用決済の1割の証拠金を担保とする決済が一般化していた。

8-2　1929年の世界大恐慌

新天地のアメリカの19世紀末は、ヨーロッパから新しい市場へ豪華な遊覧船で資金を運んでいた。当時から1割の証拠金を担保での株の売買で、世界大戦に参加しなかったアメリカは高騰する経済の繁栄を謳歌していた。1929年10月24日イギリスの経済立て直しのための金利引き上げで、その高金利を求めて、マネーがアメリカからイギリスに向かい、株の大暴落が起きて担保の株券が紙屑同然になり、人々はブローカズより、即刻借金の返済を求められ次々に破産し、アメリカの実態を暴き大恐慌は全世界へと波及した。

アメリカは、公共事業を中心に関与するニューディール政策で、経済を立て直したが、日本では娘身売や労働争議の頻発と、その社会不安で2・26事件などの勃発を経由して軍国主義化した。それでもアメリカの金本位制で金塊が、その後のマネーの暴走を食い止めた。

8-3　連合国通貨金融会議

　1944年7月、当時のルーズベルト米大統領の呼びかけで、米ニューハンプシャー州のブレトンウッズのホテルに44ヵ国の代表が集まり、連合国通貨金融会議（ブレトンウッズ会議）を開いた。3週間に及ぶ討議の結果、米ドル1オンス＝35ドルに固定する金・ドル本位制による固定相場制の採用と、国債通貨基金（IMF）と国際復興開発銀行（世界銀行）、世界の貿易のルールを築く国際貿易機関（ITO）の設立を決めた。このうちITOは米国議会の反対で実現せず、関税貿易一般協定（ガット）としてスターとした。

8-4　金本位制から変動相場制に移行

　米国の圧倒的な経済力を背景に、しばらくは順調に機能していたが、欧州や日本が経済力をつけてきた1950年代後半から米国の国際収支が悪化、1960年代にはリンカーンの奴隷解放から100年目の黒人問題・ケネディー大統領暗殺・ベトナム戦争・反戦運動・自由奔放運動で、戦費と経済混乱で、アメリカ経済が破綻し、当時の大統領ニクソンは1971年夏ドル防衛のために金本位制の金とドルとの交換停止したが、その後も米国の国際収支は改善せず、1973年8月ドル下落が続く中で主要通貨は変動相場制に移行、ブレトンウッズ体制は完全に崩壊した。

8-5　変動相場制の影響

　変動相場制に移行した影響で、学生は理工系よりも経営系を志向するようになり、この間アメリカは技術上で日本に後れをとるようになったという。理工系のアメリカ人博士の数は1970年から漸減し、今やその半数に減っている。その分を補うものが、台湾、中国、韓国、香

港などからきたアジア系の留学生で、アメリカで理工系の学位をとって、そのまま科学技術者としてアメリカに留まっている人々である。アメリカの理工系の新博士号を受けるもののうち、外国人が半数を上回るようになった。

日本でも1988年頃から金融・証券業界でもコンピュータの使える理工系への需要が増し、そこでは製造業の技術者よりずっと厚遇するので、理工系卒業者の製造業離れの傾向が強くなり、とくに新卒の優秀な人材で金融・証券業に就職するものが目立ち出した。理工系の教授たちの間で、このままでは日本の科学技術の未来はない、という嘆きさえ聞かれるが、この処遇の差はますます開くものと予想されていた。

8-6　金融界の大革命

この変動相場制の金融界の大革命で、コンピュータで流通しているドルは10倍以上になり、通貨の激しい変動で利益を生む仕組みの、金融先物取引で投資家が莫大な利益を上げるようになった。その草分けになった事件は 1987年10月のブラックマンデーがきっかけで、暴落した株を売った大量の資金の行先調査で、不思議な動きのニュージーランドドルに気がつき、通貨は上がるという情報に賭を挑み、政府の資金を上回る資金の投入で利益を上げた。

それからアメリカの人々は高い金利を求めるようになり、銀行預金の割合が減り次々に売り出される新しい金融商品で人々を引きつけ、その集めた資金で投資会社は利益を求めて、世界を駆けめぐる短期資金のホットマネーに変わった。

8-7　クリントン政権のグローバル化政策

1993年クリントン政権誕生の最大課題はアメリカ経済の再生で、そ

れにウォール街出身のルビン財務長官が産業界の反対を押し切って、当時円高ドル安を円安ドル高にを繰り返し主張しグローバル化政策を進めた。その結果1996年に2,000億ドルの流入超過と前年の4倍に、ウォール街は最先端の金融ハイテク技術を駆使してマネーを増殖させた。そのマネーをアジア、ロシア、中南米へと、各国へ金融市場や資本市場の解放を求めた。これに対して途上国は開発競争に遅れないよう金融自由化に踏み切った。

8-8　バーツの大暴落

タイは、先進国を目指して海外の資金を呼び込むために、1993年金融の自由化に踏み切った。そのタイの魅力は金利の高さと固定相場で、当時アメリカなどの金利は5％前後に対し、12％で25バーツ＝1ドルの固定相場で、タイの株取引は100倍に膨れ上がり、タイの人々は所得も増えて、成長の夢に浮かれていたが、1996年になってドル高の影響で、輸出赤字で成長が止まった。タイ政府はバーツの切り下げは、ドル立て借金が増えるので株を買い支えたが、タイの外貨も底を突き変動相場に切り換えたが、バーツの大暴落になり、高度成長中の経済は止まってしまった。

8-9　ロシアの短期国債の取引停止

冷戦の終結で世界はアメリカが主導する、市場経済のルールで結ばれた巨大な金融市場の大混乱から、1998年8月17日、ロシアの短期国債の取引停止で、ヘッジファンドの実態がわかり、マンハッタンの為替取引精算システムが揺らぎ、マネーゲームから信用収縮になり、資金調達不能の危機が世界を覆うようになって、産業革命以来発展し続けた資本主義は、ほぼ世界中に広まった資本主義のマネー奔流は、この先どうなるのかわからなくなっているが、アメリカ型資本主義の基

本の自由主義市場経済が、8年続く好景気の原動力の世界のグローバル化は最近のことで、1989〜1998年に世界の人口比92％にまで広まっている。

8-10　日本の不良債権の処理

アメリカと同様に市場経済の下で繁栄を続けた日本は、グローバル化が急速に進む中で日米の明暗がクッキリと分かれ、世界最大債権国で個人金融資産1,200兆円、このマネーを活せばグローバル経済の中で、その威力を発揮できたはずであったが、バブル経済を破裂させた不良債権の処理に混乱している。

日本経済も不良債権の重みで北海道拓殖銀行をはじめ、金融債権の発行の認められた日本長期信用銀行も利益追求のマーケットの餌食となり、不良債権でいくつもの金融機関を破綻に追い込む経済不況の中で、①行政改革、②財政改革、③金融制度改革、④社会構造改革、⑤経済構造改革、⑥教育改革、の六つの改革を掲げた橋本内閣も、消費減退で退陣、これらの問題を先送りした小淵内閣のばらまき政治で日本経済の回復が図られている。

日本のマネー戦略も、世界の資本主義が技術革新・情報革命で、金融業が情報産業になって、システムとしてのルール確立なしの暴走で、帰らざる川を渡ってしまった。短期投資の制限の動きはあるが、当座、ヘッジファンドに侵入されない対応が必要である。

8-11　EUの経済政策

EUでは、グローバル市場経済の中で生き残って、その歪みを正していく壮大な試みが1999年1月1日ヨーロッパで初めて11ヵ国の統一通貨がスタートした。それには、①二度とヨーロッパを戦場にしないという平和への誓い、②ドルに翻弄されない強い経済にしたい。という

願いが込められている。EUは人口的にもアメリカより大きく、国内総生産（GDP）も遜色のない規模で、グローバル経済のヨーロッパの対応は、失業対策が重要視され、EU11ヵ国中、9ヵ国が平和的に社会主義の実現が目標の社会民主主義政権で、2000年1月1日に単一通貨導入と発展し加盟国も逐次増えつつある。

8-12　マネーゲームが人類を滅ぼす

ベトナム戦争後、強いアメリカ・大減税を目玉のマクロ政策のレーガノミクスの大失敗で、労使関係が混乱している中で、日本から進出したアメリカ本田の労使関係をヒントに、その後の10年以上の構造改革政策が実り、自由競争原理の市場経済が確立した。日本の生き残る道は英米の市場経済を導入し、激しい競争社会を受け入れることであるというが、世界の経済は市場原理のマネーゲームで大混乱し、産業は目先の利潤追求、過当競争、リストラ、知識不足、安全削除などの要因で大事故が頻発している。自由競争原理は、弱肉強食の強者の論理で、現在の緊急課題は、高齢化社会と地球環境問題を克服することである。

NHKのビデオなどから入手した情報で判断しても、現在の経済混乱の要因は1973年の変動相場制採用で、この時それまでの10％の担保の投機マネーを100％に改めていたら、適切な先物取引きが現在のマネーゲームに発展しなかったはずで、今からでも短期投資の制限と同様に、マネーゲームのギャンブラーを締め出せばよい。今のエコノミストは、経済景気の予測や対策の議論に翻弄して、地球環境や福祉についての対応は無関心である。このまま放置すれば『自由経済が人類を滅ぼす』である。

8-13　世界一の債務国と世界一の債権国

　グローバル市場経済の日本政府は、無条件降伏後の安保条約でよらば大樹の影で、アメリカ政策の批評はタブーになっている。しかし、世界一の債務国のアメリカが、カードローンなどの流行で消費が伸びて好景気になり、歳入の増加で豊富な歳出でレーガノミクス時代に比較にならない、豊かな危機管理や贅沢な借金経済を謳歌している。

　このような異常なグローバル経済は、NHKの「やさしい経済学」の伊東光晴教授や、アメリカの1929年時代から投機マネーを警告している経済学者ガルブレイスは、現在も経済取り引きの通貨を、投機のマネーにする愚かさを警告しているとおり、何時破滅しても不思議でない、アメリカの借金経済が持続するはずがない。森田・石原の共著の『NOと言える日本』のようにアメリカ政策の批評をタブーにせずに、EUの失業対策や環境規格のリサイクル経済のように、地球破滅の経済から地球環境を改善する経済へと転換が必要である。

8-14　ギャンブラーと投資家の混同

　NHKをはじめ報道機関は、マネーゲームのギャンブラーも投資家と呼び、その投資家へのサービスとして、毎時間のニュースにも為替相場と平均株価を報道しているが、これは金融機関の算盤が電算機に代わった業務の効率化から、通貨の激しい変動で利益を生む仕組みの金融商品で、ギャンブラーと投資家を混同させて、庶民までマネーゲームに巻き込むもので、預金と投資、投資家とギャンブラーを区別した金融システムとすべきで、投資家対象の報道サービスはとくに必要なく、金融機関の縮小がマネーゲーム排除の基本である。この感覚の違いが万事で、その違いはシステム工学やシステム技術の知識の有無で決まる。

第8章のビデオ要約記事

1.「検証バブルの時代」 ～金融機関に何が起きたか～
NHK・なるほど経済特集　第1回　1996年8月25日

(1) バブル発生のしくみ

　政府が発表した年度別不良債権は、1991年～1994年までは13兆円程度、95年には主要銀行のみで23.4兆円、地方他の銀行を合わせると36.4兆円と発表しているが、外国ではこれを80兆円と見ている。バブル発生の要因は、1983年の米大統領来日要請の金融自由化で、それまで企業の設備投資の資金は主要銀行に依存していたが、資金調達の多様化で企業自身で調達できるようになった。一方、金利の自由化で預金獲得競争になって預金量は増えて、貸出資金の処理法として中小企業や不動産業への貸出しに、企業も財テクに走り土地や株の価格が急上昇した。

　1985年9月赤字に悩む米国の提唱によるプラザ合意による、為替レートの高騰で円高不況になった。1987年日銀は公定歩合の低金利政策で経済の回復を図ったので、土地や株の価格・マネーサプライが急上昇し景気が過熱した。金融引締めの検討に、物価安定の資産インフレは、全てがハッピー・ハッピーと有頂天になっていた。1988年10月ブラック・マンデーで各国協調の低金利政策で、金融引締め政策が先送りされ対策の時機を失してしまった。

(2) バブル崩壊の影響とその再生のみち

　バブルが崩壊して5年、そのつけは不良債権という形で金融機関にのしかかっている。超低金利政策の中で、1995年の都市銀行の経常収益データと、これより不良債権の償却を差し引くと、七つの銀行が赤字になっている。金融自由化の中で世界に通用する日本の金融機関はどうすればよいか？　現在、超低金利政策の金融機関の収益で不良債

権処理をしている。

2．弁護士『中坊公平』
～森永ひ素ミルク中毒事件他～　4回シリーズ
NHK・ETV特集　　1997年11月

　昨年7月旧住専が残した13兆円の不良債権回収の陣頭指揮を執る、住宅金融債権管理機構中坊社長の就任第一声は、劇的なもので「世の中でお金を借りて返さない……私たちは住専7社の債権を徹底的に調査回収して、国民の方々に全く負担をかけない……」と強力な調査権を持つ預金保険機構と連携して、この1年間に6千億円を回収している。

第1回　すべては現場に始まる……森永ひ素ミルク中毒事件
　中坊社長が弁護士として300勝10敗の成績の哲学は、現場の実態を把握することで、最初の動機は、昭和30年の森永ひ素ミルク事件である。これは品質安定剤として許可された第二燐酸ソーダの中にひ素が混入し乳児が中毒した事件で、厚生省の仲介で補償交渉が済み、その後の一斉診断でほとんどが完治していると報告されていた。
　しかし、擁護教諭の14年目の訪問記録から36人が訴訟裁判で争うことになり、その弁護団長の依頼を受けた。裁判では訴訟理由の実証の必要からの実態調査で、多くは激しい後遺症は、親の過ちと苦しんでいることがわかった。これに対して森永と厚生省は裁判で争う態度であり、2万人に及ぶ被害者救済には、訴訟の問題でなく被害者救済の義務があると説得して、ひかり協会を作りその無制限の費用を、森永が負担する恒久対策を確認し1949年5月提訴を取り下げた。

第2回　悪とは何か……豊田商事事件
　昭和50年代の金投資ブームの中で豊田商事事件が起きた。これは凡

そ3万人の年金生活だけの老後に不安のある人を狙って、純金を買ったと思わせて代わりにファミリー契約証書などを渡し、2,000億円を集めて証券先物取引や社員の高額給与に当てていた。この詐欺商法は国会でも問題になったが、これを取り締まる法律がないと騒いでいる最中、熱血漢による永野和夫会長刺殺事件が起きた。

会長の死後2日、被害を受けた人達による豊田商事の破産申し立てで、この事件の解決には司法の信頼性が懸かっていると裁判長の依頼で、1985年（昭和60年）7月豊田商事の破産管理人として中坊弁護士が就任した。豊田商事は巧妙に集めた金を300の関連会社に分散して、銀河計画という会社が取り仕切っており、被害者救済の理念に徹して豊田商事側の弁護団と争いながら、豊田商事を利用して利益を挙げた企業集団や所得税の返還などで460億円を回収し、行政の責任も追及したがそれは拒否された。

第3回　悲惨な勝利でも良し……豊島産業廃棄物不法投棄事件

瀬戸内海の豊島で1975年（昭和50年）、砂採集業者の手島総合観光開発会社が、有害廃棄物処理の許可を申請し、住民はこれに反対して建設差止めの訴訟を起こしたが、県は業者と結託して住民を19年間も騙し続けた。1990年11月県警が不法廃棄の事実を突き止め観光開発会社を摘発、県は不法廃棄を命じたが全体の 0.3%で有害物は撤去したという。

弁護依頼は裁判の時効まで1ヵ月余りで実質時間切れと費用問題で、公害防止調停に切り換えて「10年間で豊島で焼却し島外に埋める」の案に1,500人の合意でまとまった。
※2000年6月県知事の行政の謝罪を含めた公害防止調停が正式に解決した。

第4回　理念をもって……史上最大の不良債権回収

法律家の目で見た住専処理は『銀行と住専及び金を借りた業者の問

題である』が中坊弁護士の信念である。住専処理法では回収可能と想定されいた6兆800億円も、回収不能の場合は税金を投入するとなっている。これは不合理と悪徳者の隠匿資産の摘発で闘っている。

3. 金融ビッグバンの思想
〜デジタル元年〜悪循環〜長いサヨナラ〜

NHK・ETV　3回シリーズ　1997年9月

橋本内閣の六つの改革は、①行政改革、②財政改革、③金融制度改革、④社会構造改革、⑤経済構造改革、⑥教育改革、この中で世界情勢から見て確実に実施されると思われているのが、金融制度改革（ビッグバン）で、これはどんなことか？

第1回　問われるニッポン株式会社

アメリカでは株主を主体として、企業の買収・合併を行う市場経済であるが、日本企業は株主を尊重しない構造で、①経営者②従業員③取引先④系列…の順で株主は⑩番位である。ニッポン株式会社の特徴は、「企業の収益性が低い」アメリカの自動車メーカーの収益率24.5%に対して日本は7%である。日本の株主は系列の銀行で土地本位制で企業の収益性より土地保有に投資、「情報公開」企業の金融の情報は、大蔵省・メインバンク・総会屋だけである。

「護送船団方式」戦後復興の傾斜生産方式の官僚主導の一般化で、1950〜1970年代までは非常に高機能を発揮した。「貿易黒字」過当競争・長時間労働・輸出ダンピングでドルを稼ぎ、それで米国国債を買ってドルの基軸通貨を補完した。今まで安住してきた横並び社会をあくまで維持するか、これまでの仕組みを解体して市場経済に飛び込むか？　の選択である。

第2回　競争社会への選択

過去の経済発展の過程を見ると、まず産業設備への投資が行われ生産発展の結果でストックができ、そのストックをどうするか？　という段階で金融が活躍して、産業が廃れても金融経済でもっている。日本のバブル時代は世界の金融が東京市場に集まったが、崩壊後は外国金融が去り東京市場が空洞化し、世界から取り残されるのを危惧してビッグバンを早めた。

ベトナム戦争後、強いアメリカ・大減税を目玉にマクロ政策のレーガノミクスの大失敗で、その後の10年以上の混乱で構造政策が実り競争原理の市場経済が確立した。日本は横並び社会で小数派を異端視するが、多数派がカモで成功者は小数派である。日本の生き残る道は、英米の市場経済を導入し、激しい競争社会を受け入れることである。そのための日本改革のポイントは、①人材の流動化　②国際的な税制　③自己責任の徹底である。

第3回　成功のシナリオ・失敗のシナリオ

戦後「揺籠から墓場まで」の労働党も植民地を無くした…サッチャーが金持ちを貧乏にしても貧乏人は金持ちにはなれないの哲学で経済改革に着手した。金融の自由化・リストラに外国資本が進出し、一時は大混乱したが、しだいに国際化が徹底して金融ビッグバンといわれるようになった。

シナリオ1，デジタル元禄：1998年……金融界のリストラ・終身雇用撤廃　2001年……公的年金から私的年金への移行　2002年……情報コスト引き下げ・ベンチャー企業

シナリオ2，悪循環：1998年……金融スキャンダル続発　2006年……アジア諸国からの輸入増大貿易赤字　2010年……不動産価格暴落・金融パニック発生

シナリオ3，長いサヨナラ：1998年……タテマエだけの金融改革　2001年……円高不況「企業のケチケチ対策」　2004年……史上最悪の

不況・政府は金融界干渉　2012年……日本型経営の再評価ブーム
※ニッポン株式会社の横並び思想を捨てて、実力主義の徹底は必要であるが、弱肉強食の資本主義やマネーゲームの経済ビッグバンは時代遅れである。レーガンのマクロ政策の失敗を構造政策で立ち直ったと解説されているが、エコノミストには2050年代の地球環境は予測できないのか？　すでにアジア諸国のバブル経済の崩壊が報道されている。

4. 追い詰められた大銀行　～長銀救済合併の舞台裏～
　　　　　　　ＮＨＫ・クローズアップ現代　1998年7月16日

　日本経済にのしかかっている不良債権の重みで、遂に大手銀行の一角の長銀までもが追い詰められた。北海道拓殖銀行をはじめ、不良債権でいくつもの金融機関が破綻に追い込まれてきたが、総資産26兆円もある長銀の不良債権処理の遅れが指摘され、急速にマーケットに追い詰められて、経営が大きく揺さぶられた。事実上、住友信託銀行に救済合併される方向で、新金融監督庁の調査中で、今後、不良債権がどのように処理されるのか、初めてのケースとして注目を集めている。そのマーケットの異変が始まったのは、先月6日の月刊誌の報道がきっかけで、長銀の資金が悪化しているのではないか？　の記事に、マーケットが反応して長銀株が売られはじめ、市場の暴走に政府は長銀の実態は債務超過ではないかという報道は、その5倍の過大情報であると打ち消しても止まらず、3週間で株価は額面割れの50円までに下落した。

　日本長期信用銀行が創設されたのは、1952年の戦後復興期に産業を育てるための銀行で、資金集めの手段として金融債の発行の認められた銀行で、戦後復興に大きく貢献した。

　1983年レーガン来日の金融自由化要請で、各企業で社債が発行できるようになり、長銀は信託業務部門も併設したが新規で振るわず、建

設・不動産・サービス対象の業務と、経営内容変更による合理化で、不良債権処理の遅れとなり、利益追求のマーケットの餌食となった。住友信託銀行の救済合併にも不良債権処理が条件で、債権分類の第2分類は単に返済が遅れているもの、返却不能に「追い貸し」しているものなどを金融監督庁で査定し、

①債務超過になっていない。

②不良債権を共同債券買収機構などに引き取らせる。

③手持ち株などの買い取りに公的資金を投入する。

これが今後の合併処理のモデルになるが、国民の批判をどう静めるかも大問題である。

5．世界経済危機と日本・第一回
〜信用収縮が世界を覆う〜

NHKスペシャル　3回シリーズ　1998年10月

冷戦の終結で世界はアメリカが主導する市場経済のルールで結ばれて、ホットマネーが国境を越えて移動する、巨大な金融市場ができあがったが、今年の夏ロシアで起きた経済危機は、アメリカにも波及し世界各国に深刻な打撃を与えている。世界の目は日本経済に注がれているが、戦後最大の不況に銀行の貸渋りは産業を直撃し、日本経済は根底から揺らいでいる。国際社会はこの危機の連鎖を断ち切る方策を賢明に模索して、世界第2位の経済大国日本のその役割が問われている。

ロシアで起きた経済危機に、ヘッジファンドといわれる投機資産運用会社が大損失を出し、ニューヨーク連邦銀行がわずか4日間で36億ドルの救済措置をとった。ヘッジファンドがロシアにはG7が補償すると錯覚したためで、ロシアが破産するならどの国も破産すると、ヘッジファンドの実体がわかって、マネーゲームから信用収縮に代わり、資金調達不能の危機が世界を覆うようになった。古いIMFの資金救

済の条件が厳しく、韓国、タイ、インドネシア、ロシアと、その救済条件の逆効果に苦しんでいる。

今度のG7の対応として新宮沢構想、クリントン構想が提案されたが、この会議ではドイツの主導権で『日本の回復が世界にとって重要』『IMF強化の可能性をもつことで合意』の声明で、具体的対応が決められなかったが、先月末アメリカは漸くIMFへの資金拠出が議会を通過したので、これを受けて10月30日　G7はIMFの緊急融資制度の創設を発表した。

これによってアメリカの影響力が弱まり、戦後50年続いてきた市場万能の、資本主義が揺さぶられることになった。

6. アジアからの発言
〜立ち直れ日本経済〜韓国〜マレーシア〜上海〜

NHK・ETV特集　3回シリーズ　訪問者　舛添要一　1998年9月

アジアは今深刻な経済危機にみまわれて、企業倒産、失業者の増大、銀行の不良債権は際限なく膨れ上がり、金融システムの機能がなくなっている。国際政治学者の舛添要一氏が現在、注目されているアジアの3国をまわって、各国の経済改革の先頭に立つ人物と話し合った内容である。

第1回　韓国……グローバルスタンダードを採用せよ

昨年の12月通貨ウオンの暴落をきっかけに、国家破産でIMFの救済を受け、大統領は国の根底からの改革に乗り出した。韓国が急成長を遂げ、先進国の仲間入りをしたのは2年前のことで、国が破産寸前になりIMFに救済を求めるとは予測できなかった。本年2月に就任した金大中大統領執筆の『大衆参加の経済論』は政府・銀行・財閥が癒着した経済を、市場原理システムにと主張しており、IMFの救済条件と一致している。

しかし、その改革に伴う企業倒産リストラ156万の失業者と、保険機構・社会保証が遅れ苦しい生活が続くが、大統領任期の5年間の権限は強大で、はじめの数年間は苦しくても5年後には改革の効果が現れるという。

第2回　マレーシア……ルックイーストは死なず
　1997年1月マハティール首相が来日して、21世紀を先取りしたマレーシアから世界の人々への贈物とする、「マルチメディアスーパコリド」計画への協力を訴えている。1981年の首相就任当時から、アジアの先進国の日本に学ぶ『ルックイースト』政策を唱え、日本をモデルに家族や集団を重視する、アジアの価値観を維持しながら、官民一体で産業を振興しマレーシアの工業化を図ってきた。

　就任10年目には2020年構想を発表したが、1997年7月タイ通貨の固定相場制を連動相場制への移行発表を契機に、ドル買い・引き上げのパニックでアジアの通貨危機へと発展した。

　その9月のＩＭＦ世銀年次総会で、マハティール首相は通貨危機の要因は、巨大資金を注ぎ込み通貨を売買して利鞘を稼ぐ投資家たちで、これを禁止する必要があると主張したが無視され、インドネシアのスカルノ大統領もＩＭＦと争ったが、ＩＭＦ指示のガソリン値上げ反対の民衆の暴動で退陣に追い込まれた。日本の金融処理は7年目であるが、マレーシアの利点を取り入れた、マレーシア独自の政策で通貨を固定相場制に切り換えた。

第3回　国際金融都市・上海……踏みとどまるか人民元
　上海は中国の人口比1％の1,300万人で国民総生産（GNP）の4.5％を生み出す、中国経済中心の国際金融都市として、目覚ましい発展を遂げているこの上海で、大改革が進められている。中国の国有企業の改革は、1984年からであるが順調な進展は無かった。その要因は今まで完璧な社会保障制度が無かったためで、国有企業が社会保障の役割を

担い、国の収入の70%を占めていた。このように国有企業の犠牲によって、外資企業18,000社、民間企業80,000社、サービス産業も急速に増大中である。

国営企業のリストラによる失業のために、政府・上海市の費用で市内9ヵ所に再就職センターを設け、コンピュータ操作・美容などのサービス産業に属する職業の28種のコースで100万人の失業に80万人を再就職させいてる。中国の為替レートは市場レート任せだが、外資取引センターでの外貨取引は貿易額だけの制限で、外資準備もあるので日本の円安は苦しいが、投機的な経済危機は起きないという。

7. 資本主義はどこへ行くのか　～マネーの時代の選択～

　　　　　　　　　ＮＨＫスペシャル　1999年1月1日　放映

冷戦の終結で世界は、アメリカが主導する市場経済のルールで結ばれた巨大な金融市場が、1998年8月 ロシアの短期国債の取引停止で、ヘッジファンドの実態がわかり、マンハッタンの為替取引精算システムが揺らぎ、マネーゲームから信用収縮になり資金調達不能の危機が世界を覆うようになって、産業革命以来発展し続けた資本主義は、ほぼ世界中に広まった資本主義のマネー奔流はこの先どうなるのかわからなくなっている。

資本主義のこの現状をどう考えるか、世界経済の在り方に積極的に発言している4人の識者に、コメンテーターとしてこの番組に参加を依頼した。

アメリカ型資本主義の基本の自由主義市場経済が、8年続く好景気の原動力の世界のグローバル化は最近のことで、1989～1998年に世界の人口比92%にまで広まっている。

1993年クリントン政権誕生の最大課題はアメリカ経済の再生で、それにウォール街出身のルビン財務長官が産業界の反対を押し切って、当時、円高ドル安を円安ドル高へと合理化を繰り返し主張し、その成

果によってグローバル化政策を進めた。

その結果1996年に2,000億ドルの流入超過と前年の4倍に、ウォール街は最先端の金融ハイテク技術を駆使してマネーを増殖させた、そのマネーをアジア、ロシア、中南米へと、各国へ金融市場や資本市場の解放を求めた。これに対して発展途上国は開発競争に遅れないよう金融自由化に踏み切った。その金融自由化でアメリカのマネーが利潤を求めて世界を駆け巡り、グローバル市場が拡大し1997年クリントン政権の2期目の大統領選挙に圧勝し、アメリカは世界最強の経済力を取り戻したと誇らしげに宣言した。

8. ゼロ金利で何が起きているか
NHK・クローズアップ現代 1999年4月

普通預金の金利は、ほとんどの大手都銀で0.05％10万円で50円/年の実質金利ゼロと、日本経済はかつて世界で経験のない超低金利に踏み込み、借金は今がチャンスである。

この超低金利政策の狙いは、買控えや生産縮小で冷え込んでいる日本経済に、大量のお金を流し込んで活性化しようとするもので、これに人々の超低金利対応はどうか？

① 株式勉強の素人投資クラブ誕生
② 東京の個人証券取引は3月は2月の2.5倍
③ 企業社員の住宅ローンの借代えの推奨

で、国民の資産と負債の関係は、40歳代は貯蓄に対しての負債の比率が高く、60歳以上が金利ゼロの影響が大きい。日本の個人金融資産の内訳は、定期預金50％、株式 4.5％、投資信託 2.4％と一般からは敬遠されてきた。

去年の9月の長期金利 0.7％が4ヵ月で 2.4％上昇、不況時の金利が上がれば借金を抱える企業の経営を直撃し、108.50と円高も輸出企業中心に景気回復が止まり、こうした状況の先行きの不安から株価も急落

した。

　日銀の役割の一つは、金利を操作して経済の安定を図ることで、その舞台は金融機関が毎日の資金を融通し合う短期金利市場で、景気を上向けさせるために短期金融市場に潤沢に資金を供給し金利を引き下げる。この金利は公定歩合とならんで金融政策上非常に重要な市場となっている。

　日銀は折角の景気回復の兆しが、今年の初めからの異常現象に、超低金利の0.25％からさらに0％にして漸く、円高・株安も回復したが産業界は冷淡で、リストラ・過剰設備の整理と体質改善の時期に、資金供給は回収困難な不良債券の要因になり、加えて株高で海外からの投資で、円高・株安にと逆戻りと、超低金利政策の問題点を、懸念しているようである。

9．"失われた10年"を問う　村上　龍
　　　　　　　　　　ＮＨＫスペシャル　　　　2000年5月7日　　放映

　現代の不安の原因がわからないを背景に"現代経済を知らずに小説は書けなくなった"として1990年代をさす「失われた10年」をキーワードとして、昨年の暮れから本人の不安を考えるを意図として、経済専門誌『メールマガジン』の編集長の村上龍の質問形式の『インターネット・エッセー』の"失われた10年"がＮＨＫで放映された。

　経済専門誌『メールマガジン』は、インターネットで週3回6万人の読者に配布されており、金融経済の専門家達に質問を投げ掛けて考えて行く作業を始めた。

第1章　何がバブルを引き起こしたか。
質問事項：バブル発生前後銀行は潤沢な資金を何に使えばよかったでしょうか？
回　　答：2週間後100通を超える回答あり、公務員・医師・システム

エンジニア・不動産・金融業で、金融業とそれ以外の者で真っ向から対立する意見であったという。

※この8章は、ＮＨＫのビデオを情報源として編集しているので、『メールマガジン』の解説より詳しい（1．検証バブルの時代など）を参照。

とくに印象的な回答は、内部の批判者達は当時左遷されたと述べている。

第2章　露になった10年
質問事項：「改革・改善」と叫ばれながら解決しない問題を一つ挙げてください。

第3章　断　層
質問事項：戦後の日本経済の大転換点は何時だったでしょうか？

第4章　無知からの脱却　（無知は罪）
質問事項：神様が現れて「好きな時代に生き直していい」と言われたら、どんな時代を選びますか？
　　　　　ー江戸時代、戦前、戦争中、戦後復興中、高度成長期、現代ー
回　　答：8割の人が「現代が良いと答えている」未来はもっと良くなるとの期待？

※それで『メールマガジン』の読者の大学生に依頼して友達の20〜23歳の学生に、1950年代と1970年代の記録映画を見せての意見では、白黒映画の1950年代の日本は全く知しらず1970年代のカラー映画の知識しかなく、『21世紀をどう考えればよいか』の学生の質問に村上龍の回答は、各人の努力で各人自身の考えを持つべきであるとして、村上龍自身もわからず『失われた25年』といい、未来はもっと良く

なると主張すべきと反省しており、『21世紀の地球環境問題』についての関心は全くみられない。

◆ 第9章 ◆

ボランティア・NGO

9-1　市民活動・ボランティア〔volunteer〕

　言葉の語源はラテン語のvolo（ボロ）で、意味は個人の自由な意志により考え、発想し、行動するという自発的な行為を行う人を指す。また、用途によりボランティア活動そのものを指す場合もある。ボランティアの本質は、活動の範囲や行動を誰かに制限されるものではなく、特定の人が行う行動でもない。

　また正しさや公平さが求められるというよりも、個別性、多様性、既成概念にとらわれない先駆性が求められる。もっとも、個人の意志による行動といえども、自己利益が目的でなく、他益性の求められる活動である。二次的な要件として無償性、継続性という性質もある。

　もっとも最近は、活動にかかわる実費程度を支給するケースもあるし、イベント的な活動や突発的な災害時などの一時的な活動も展開されている。近年、さまざまな領域や分野でボランティアの活発な動きが始まり、その意義は、社会的な課題を解決する可能性を秘めた重要な活動であると理解されるようになってきた。

　この理解が一般化する中で、改めて「ボランティア」という言葉が持つ本来の意味や、その意義の再確認がなされつつある。

　国連と国際機関NGO：国連の経済社会理事から諮問的地位を与えられ、政府機関とは区別される民間団体を指す言葉。従来は社会福祉団体、労働組合、女性団体、経営者団体、専門家集団、宗教団体など、さまざまな分野・組織形態の民間団体すべてを指した。しかし、今日では開発途上国の社会開発に従事している民間の非営利団体、あるいはそれらを支援する海外の開発協力団体を意味し、国際的な活動をする民間公益団体・国際協力市民団体などと訳されることが多い。環境、人権、開発、難民、教育、女性の権利などの諸分野で世界中どこへでも飛び出していき、現地調査をし、政策を提言し、その実現を政府に働きかける活動の主体となっている。しかもその数は年々増加し、正確な数を知ることは難しい。しかしNGO台頭の背景には、現代世界

が共通して抱え込んだ問題がある。それは、

① 南北問題と呼ばれる、途上国の人々を追いつめ、人間同士の争いばかりか人間と生物との争いを生じさせる問題。
② 地球環境問題と呼ばれる人間と自然との関係、あるいは自然への人間の侵略から地球全体が危機的様相を生む問題。
③ 人間の生存の危機でもある精神の荒廃、社会経済システムや地域社会構造から生まれる。矛盾によって人間自身が追いつめられた結果生じる問題。

などである。これらはいずれも一つの社会、一つの国家の中では解決し得ないばかりか、世界が一つに結ばれ国境を越えた生活共同体意識を覚醒させて、ある種の連帯感が生まれたことによる。

9-2　NGO関連知識

(1) NGOと途上国政府、援助機関

　経済協力開発機構（OECD）諸国で登録されている開発NGOは、1980年の1,600から1993年には2,970に増加し、支出額も28億ドルから57億ドルに上昇した。しかし、貧しい人々への福祉サービスの供給が、援助機関・政府側の市場経済確立を目指す意向と合致することで、NGOが財政的基盤を得られると同時に、援助の価値基準によって活動が制約されるNGOと援助機関、途上国政府三者間の相互作用が顕著になった。NGOが民衆から遊離すると、アドボカシーは機能を持つことで社会的なビジョンを形成し、多機能な選択肢を提示することで、困難の一因が北側にあることを知らしめ、北側の国々と結ぶ情報提供ネットワーカーの任を務めなければならない。

(2) 第4世代のNGO戦略

　社会学者デビッド・コーテンは、NGO活動の発展系を4世代のNGO戦略と呼んだ。それによれば、NGO活動の発展は、①救済と福

祉、②コミュニティー開発、③持続可能なシステム作り、④民衆（市民）運動、の4段階あり、その役割も各段階に応じて変化し、①実施者、②動員者、③触媒、④運動体、が個別的に成立するのではなく、社会変化の中で相互に連関し合いながら展開するとしている。

(3) 参加型開発

その村の生活を改善していけるのは、ほかならぬその住人であるという発想から生まれた農村開発法。外部の人間はあくまでも調整者にすぎず、住民自身が問題を見つけて、解決に結びつける手法である。こうした手法は、アフリカや南アジアを中心としたプロジェクトの現場ではよく採用されるようになっている。それはなによりも地域を基盤にした開発のイニシアチブを住民がとるべきであるという点を強調し、利潤追求よりも構成員や社会的利益に奉仕する、自主的な経営管理、民主的な意思決定、資本よりも人間・労働に基づいた所得配分を重視する、社会的経済の原則に近い考え方である。

(4) 日本のNGO

日本のNGOの歴史は1960年代にキリスト教海外医療協会アジア学院に始まり、70年代に市民による海外協力として、シャプヤニールがバングラデシュで活動し、80年代に入って難民救援をはじめとする数多くのNGOが設立された。NGO活動推進センターによれば、主なもので200団体、数人の小グループは2,000団体ぐらいある。事業規模が21,5000万円以下が全体の80％以上を占め、その活動分野も多岐にわたるが、アジア諸国にかかわっている団体が149、アフリカが50、南米が32、オセアニアが22であり、複数の国にまたがっている団体も数多く含まれている。

(5) NPO(Non-Pr OfitOrganization)

民間非営利組織、民間公益団体と訳され、利他主義の観点に立って

提供された寄付金、会費などを主な財源にし、ボランティアを含む組織成員が利潤追求を目的とすることなく、社会に対するサービスを提供する組織。イギリスではこれをボランタリー組織と呼ぶ。アメリカでは民間の非営利組織をＮＰＯとして一括し、州法によって設立を認め、保健医療、社会福祉サービスや、文化芸術部門までのあらゆる慈善活動を含意している。この意味ではＮＧＯとＮＰＯとは同義である。今のところ、法制度により認知された社会的主体をＮＰＯといい、政府サイドから見た市民活動団体をＮＧＯと呼ぶ。

(6) 第3セクター

社会セクターを三つに区分し、第1セクターを政府、第2セクターを企業、第3セクターをＮＰＯ・市民とする。第3セクターはＮＰＯ、市民、ボランティア、財団などの公益法人によって構成され、行政から相対的な独立性を持つセクターをいう。ノンプロフィット・セクター、シチズン・セクター、インデペンデント・セクターともいう。

(7) 市民活動の社会的意義

市民活動・ＮＰＯの社会的役割は、①身近な地域社会等から問題やニーズを発見し、それを当事者の視点から解決しようとする発掘者の役割、②社会的なニーズの充足や問題解決に、自分たちでできる範囲で即応的かつ先駆的に立ち向かい、社会サービスの供給主体となること、③社会サービスを担う中で、問題の背景や関連する問題を明確に社会に提起し、共有化することで解決のための資源の提供を社会に呼びかけること、④得られた社会からの資源を活動の生産性と質的向上のために活用し、活動の継続と拡大を図ることである。つまるところ、それは地球的規模で物事を考え、地域で行動すること、という物質循環を小さくし、精神循環を拡大することにほかならない。

(8) フエアトレード

　ＮＧＯの機能の中には、①情報と現場に関する知識の提供、②技術・救援などのサービスの提供、③道徳的成果の保恃、といったものがあるが、通常の貿易取引においては、弱い立場にある発展途上国の経済的自立と生活支援に役立つことを主眼とした、公正（fair）な貿易（trade）も、その一つである。途上国の人々が生産した一次産品や手工芸品を先進国で販売し、途上国の人々に利益をもたらすことを目的として、1970年代から欧米を中心に普及してきた。

(9) 市民社会

　国家や企業から独立して存在し、社会的な役割を果たす様々な団体から構成され、政策決定、実施、評価の過程に参加し、行政・企業活動の透明性、直任性、公正を要求できる民主的な社会的条件を持つ社会を指しており、地球市民社会、あるいは地域アドボカシー（advocacy）市民社会と同義でもある。

(10) シビリアン・パワー

　アメリカの経営学者レスター・サラモン氏は、ＮＧＯの地球的規模での爆発的な発展を参集革命と呼んでいる。国境を相互に浸透し、多種多様なチャンネルを通じて、重層的なネットワークを広げ、他国の人々と協力するシビリアン・パワーによって、国民国家の自律性と安全保障とが見直され、新しい制度作りにイニシアチブを発揮する、意思と能力を見出だす勢いを指す。

(11) ボランティア

　個人の自発的な行為を指す。市民活動とは個人の自発的な行為を基礎とした団体による組織的な機能的な行為である。経済学者の中村尚司氏によれば、ボランティアの語源は西欧の正規軍の補完的な役割を担う志願兵を指す軍隊用語であった。日本では無報酬性と自発性に重き

が置かれた社会貢献活動とされるが、むしろ、生涯にわたって特定の仕事だけに縛られずに、多元的・多重的な生活を持ち、人間社会における循環性、多様性および関係性の能動的な担い手を指すとしている。

(12) パートナーシップ

市民活動は協働であることから、各団体・市民がそれぞれ対等な関係に立ち、双方が責任の主体になることをいう。その条件認知をともなう相互自立、差異を越えた対等な関係、合意に基づく役割分担である。市民活動の独自な役割や意義が認められるようになるにつれて、この関係は重視されねばならない。

(13) ネットワーキング

既存の枠組みを越え、平等、複合、分散型の組織形態を指す言葉として使用され、これまで対立してきた異質なもの同士の共存を意味する理念として、さらにはそれを越えて相互の交流、協力による積極的な関係を構築することを指す。

(14) エンパワーメント

開発援助の実施に当たって、援助する側が責任、権限、資源を一定の条件のもとに被援助者に移転するプロセスをいう。この過程で情報の提供や教育、訓練などが行われ、援助される側が自立し「力をつける」ことを意味する。特定の利益や関心事を代表する政策提言活動のこと。開発によって直接マイナスの影響を受けている人々のために、開発政策の計画、採用、変更および、その実施の決定にかかわる者に対して政策の変更を求め、影響を与えることを目的とした、NGOまたは市民による活動を指す。活動内容は多様であり、政策決定者に対しての対話やロビーイング、キャンペーン、調査・研究による代替案の作成などがある。

(15) アカウンタビリティー

説明責任と訳される。活動内容や判断理由を説明し、釈明する義務・責務を負うこと。行政は市民に対して、企業は株主に対して情報を公開し、報告を行う責任があり、NGOやNPOもまた、被援助者に対して、あるいは寄付者に対して同等の責任を有している。

(16) プレス・オルターナティブ

市民活動を進めるうえで、経済的自立を図るために企画され、定着した企業活動。第三世界ショップや、社会性のある市民事業へ融資する市民バンク、女性起業家への支援や環境問題に取り組む環境クラブなどの活動を柱とする。

(17) Jubilee2000

世界のNGOは2000年を「ヨベル（Jubilee）の年」とし、最貧国の債務を帳消しにし、人々が21世紀を平等に人間らしく生きることができるように、呼びかけるキャンペーンを展開している。ヨベルの年とは、旧約聖書に語源を持ち、その年には国の全住民に自由が与えられ、奴隷状態から解放されてそれぞれの故郷に帰ることができる。また、この年には土地を休ませ、土地を買った者も本来の所有者に返さねばならない。この考え方をもとに、貧しい国の債務の取り消しを呼び掛けるこの運動は、現代の社会正義の実現を目指している。

(18) オックスファム

1942年ナチスに占領されたギリシャからの難民を救うために、イギリスのオックスフォードで数人のボランティアが始めた活動は、戦後、途上国の貧困解消を目指して国内に121の地域事務所、海外に34事務所、1,700人の有給スタッフ、3万人のボランティア、850のショップを持つに至った。年間192億円の予算の80％を途上国プロジェクトに、16％を国内社会活動に、4％を運営経費に当てる、世界を代表するN

ＧＯの一つである。

(19) グリーンピース

　1971年に設立された国際環境保護団体であるグリーンピースは、アムステルダムの本部と33ヵ国の支部、さらに国際法部門、化学部門を中心に1,000人の専属スタッフと、143ヵ国 300万人のサポーターによって運営されている。日本にも支部がある。1998年にはダイオキシンなどの有害化学物質の汚染状況に関する報告書を公表し、国連環境計画（ＵＮＥＰ）に提出した。それによれば、トルコ、ネパール、カナダ、日本など11ヵ国で化学物質汚染への対策が急務であり、ダイオキシンによる死亡率が出生率の3倍、75％の先天的な奇形が見られたこと、香川県の豊島での廃棄物投棄による環境汚染対策費は、少なくとも200億円と見積もられるとされている。

(20) 日本国際ボランティアセンター（ＪＶＣ）

　1980年インドシナ難民の救援を契機に、タイで誕生した日本の国際協力団体で、現在はタイをはじめ8ヵ国で開発協力や環境保全に取り組んでいる。海外スタッフ68人（うち現地スタッフ33人）、国内スタッフ25人、正会員2,100人によって支えられ、年間事業規模は約4億5,000万円（1995年）で、その財源比率は会費・寄付金が26％、国際機関からの委託金22％、日本政府から8％、郵政省ボランティア貯金から21％である。国内活動としては市民講座、スタディーツアー調査・研究・出版活動、在日外国人支援、コンサート、バザーなどを行っている。

第9章のビデオ要約記事

1. ボランティア大国アメリカの補足
　　　ＮＨＫ・ＥＴＶ「ボランティア大国アメリカ」　1996年5月

※これは今年の年賀状の添書きの一部である。"アメリカの科学技術と物量に打ちのめされ、焼土・飢餓・ヤミ・インフレの中で、級数的に進化する科学技術で実現可能と『能力に応じて働き、必要に応じて分配』という、『貨幣なしの豊かなユートピアの夢』を、それから50年、科学技術はそれを実現可能になっています。来世紀の課題はボランティアで自由競争原理とマネーゲームの駆逐です。"

　昨年の神戸地震での大学生のボランティア活動で、日本の若者の姿を見直した。ヒトラーのユダヤ人虐殺も、それなりの論理があったようで、最近の華僑のボランティア活動のニュース映像を見て、ヒトラーのユダヤ人虐殺の教訓のようである。

　アメリカの財閥の相当悪らつな手段の繰り返しで、しだいに民主主義のルールが確立し、財閥は罪滅ぼしに、ボランティア活動の資金援助をするのが伝統になっているようである。レーガノミックス失敗の福祉打ち切りで、ホームレス・スラム街の増加の一方で、貧富の差が拡大してきているが、共和党から民主党の大統領に代わって、連邦政府としてボランティア活動を奨励する、減税・免税・奨学資金などに力を入れている。

　これに対して議会では、連邦政府のボランティア援助中止案が通過しているが、現在の大統領の拒否権で援助は続けられているという。
※現代日本の核家族化・集合住宅化で、隣の人もわからないくらい、地域とのコミュニケーションはほとんどなく、日本の憲法でも最低限の生活が保証されているが、最近の新聞は餓死しても、近所の人に簡単に発見されなくなったという。

2.「世紀を越えて」・『NGO超国家ネットワークの挑戦』
　　～ビッグパワーの挑戦～

NHKスペシャル　2000年3月　放映

　NGOの前身は1863年の国際赤十字社で、国境なき医師団は28年前に8人の医師で結成されている。その動機は1968年ナイジェリアのビアフラの紛争に、フランス赤十字社の医療チームとして50人の医師たちが派遣されたが、そこで政府による様々な人権侵害や迫害を目撃した内戦は2年続き、200万人が死亡した。しかし、赤十字社の原則は『中立と沈黙』で、現地の政治には一切関知せずで、目撃した医師たちは一切公表できないのに、医療だけでは人々が死ぬのを止められないと実感し、帰国後、赤十字社から完全に独立した立場で活動し、目撃したことを積極的に証言することをモットーに、1971年に「国境なき医師団」を設立した。

　アフリカ北部のスーダンでの大規模援助の活動は、国連とともに40のNGOが共同で行っており、その人道援助として国境なき医師団は、世界最大規模の組織で世界各国から集まった医師や看護婦は90人で、内戦勃発直後の1984年より現地に入り、国連の援助も届かない奥地に診療所を開き、医療活動とともに情報を集めることがNGOの任務で、緊急援助だけでなく長期的に村の生活基盤の、飲料水確保が必要で水道施設も含まれている。

　このようにNGOは各国の人々が力を合わせて、国境を越えて紛争中の舞台で活躍している。フランスの医療関係NGO本部では、主要国19ヵ所に支部をおき、事務所は世界80ヵ所および医師・看護婦2千余が世界各地で活動している。登録している1万人の医師たちは通常は病院などに勤めており、医療活動が必要で派遣先が決まれば現地に向かう、食費と活動費の支給だけで、医師たちの給料は無いという。

　NGOの飛躍的発展の契機は、1997年、国家や国連が永年かけても実現できなかった、対人地雷禁止条約をNGOの活動で成立させた。

ちょうどその頃から世界のインターネットに電子メールやHPが普及して、本来の医療活動などとともに、情報を集めることがNGOの任務が有効になり、国連や各国政府より、各地の情報を把握し24時間体制で対応するので、スーパーパワーの威力発揮するようになり、各種のNGOの活躍で発展している。

◆ 第10章 ◆

システム工学

10-1　システム工学の発達

　高等な動物の知恵は、経験を繰り返して知恵を増やす特性があり、人間の技術も経験を繰り返すことで改良進歩し、知識を増やすが、工学が高度に発達して内容が細分化されてくるにつれて、技術者は自己の狭い専門に閉じ籠ってしまい、いつの間にか本来の工学の大目的を忘れる傾向で、各分野で何の統制もなく無秩序に増殖した技術は、各分野細目でぶつかりあい、技術自身の持つプラス面よりマイナス面が強く現れる場合が多くなる。

　これらに関して1950年頃よりシステム工学が研究された。一つの工学システムは多くのお互いに連系された構成要素から成り立っており、個々の構成要素はそれぞれ独自の機能を持っているが、全体としては一つの共通の目的を持っている。非常に複雑な工学システムの設計あるいは運用を最適化するためには、システム工学の概念の理解が必要である。

　この考え方で発達してきた制御工学も、電算機の導入によってシステム化の傾向を強め、生産設備では、計測器、制御装置、計算機、通信設備がお互い結合しあって一つの大きなシステムを形作り、そのプロセスの計算機制御は、一般に化学現象および物理現象に伴う、状態変化の過程の制御であって、計算機制御の実施はシステムの数学モデルから始まり、この数学モデルをもとに計算機のアルゴリズムが決められるというが、測定の対象となるプロセスの変化数が多くなると、従来のアルゴリズムの多変数状態方程式では不十分になり、ファジー理論やカオス理論など、複雑なシステム全体として、その挙動を正面から対応しようとする複雑系の研究へと発達している。

　システム工学の中には人間自身が持つ、個人と社会の本質的な矛盾が含まれているため、工学だけでは処理できるものではなく、システム工学はこのような前提に基づいて、最初から新しいシステムの「創造」と言うことに最重点をおいており、複雑な対象を合理的に設計し

たり運用したりすることを目的として生まれた分野なので、その対象は理工系だけでなく、人間や社会を含んだ広範なものとなっている。

10-2　電気工学のシステム技術

近年コンピュータの発達で「システム」という言葉が多く用いられるようになったが、電気工学では、古くから電気の発生から電気の消費に至るまでを、電力会社の発送配変電設備と、自家用の電気設備および負荷設備に工学上では分類しているが、電気現象は電源から負荷端まで関連するので、系統的に電気現象を理解する必要があり、システム的考え方は早くから必要であった。

「システム技術」とは、「既存の技術を組み合わせて、目的とする機能をより効果的に発揮するように統合・組織する創造技術」であって、電気設備が果たす役割は電気を使用または利用する、生産設備なりビル設備なりの目的や環境に適応する設備として、機能を満足するシステムが必要で、生産設備なりビル設備を、ある事業目的達成のためのシステムとして捉えると、電気設備は、その目的を果たすための一つのサブシステムとして、その機能を評価しなければならない。その評価条件はメインシステムの特性によって変わり、安全で信頼度が高く最も経済的な設備を構築するには、電気事象としての問題点、メインシステムからみた、電気設備の機能、経済評価条件の理解が必要である。

10-3　電気設備のシステム技術

電気の接続図が、土木・建築などの図面と著しく様相が異なるのは、後者が構造・配置に主点をおいているのに対して、電気接続図は機能の組み合わせに表現の主眼があり、電気回路を構成している機器は、それぞれの目的に応じて機器相互間を導体で有機的に接続し、総合的

な機能を発揮するものである。したがって電気回路の接続状態をわかり易く表現するには、まず接続と配置を分離し、接続に重点を置いて各種の機器を抽象化した、一般性のあるシンボルでシステムを表現する必要がある。系統図は、各種電気接続図の中でも電気設備全体をマクロ的に捉らえ、設備全貌と機能を総合的に表現するものであるから、いわば電気設備の基本設計書の役割を果たす。とくに単線系統図は抽象化した等価回路で、総合的なシステムシミュレーションを繰り返すことによって、最適システムを構築する。

10-4 電気供給設備のシステム技術

電気設備に関連するシステムの範囲を拡大して、電気エネルギーの供給設備を考えると、負荷設備に電気エネルギーを供給する、電力会社の発送配変電設備と、自家用の電気設備がどのような共通事項で、関連しているか理解が必要でる。各部門設備は個別の技術の集積であるが、電源から負荷端まで関連した共通技術は、エネルギーの伝送路に関する電気現象のシステム技術である。

電気現象の特徴は、電気エネルギーには有効電力と無効電力があり、発生と消費が同時で電気エネルギーの形で貯蔵できないことで、電気・電子工学として一般化しているが、電気現象のシステム技術としては、一般的な電気理論をベースとした、伝送路インピーダンスの創造的な現象論が必要である。

しかし、冒頭の⑦『技術創造』の図書批評（P5参照）のとおり、電力系統技術の新しい展開などで、斜陽化した電力技術の技術創造を強調しているが、需要家に最も関係の深く複雑な配電系統の技術が全く空洞化している。最近の科学技術は急速に拡張発展して、専門分野もミクロ的に多様化して、自分の狭い分野の高級数学運用に精通する傾向になり、数十年前の人々が研究開発した電気現象の基本が伝承されずに、実務に必要な現象論を無視した行政側の管理の合理化のために、

基準・規定を作成してその法規を遵守させる、創造性のない技能化の一般化が定着している。したがって科学や社会の進歩に伴って、新しく発生する諸現象に対応する技術が空洞化しており、この空洞化した技術の復活させるには、発想の転換よる創造性の励起が必要である。

10-5　人間社会のシステム工学

　複雑な社会現象から本質的と思われる事実を取り上げ、期待する目的のイメージを把握しておけば、出来事の順序関係や因果関係から問題点が明らかになる。最近の経済グローバル化は、1993年クリントン政権誕生でアメリカ経済の再生に、ウォール街出身のルビン財務長官が産業界の反対を押し切って、当時、円高ドル安を円安ドル高を繰り返し主張して政策を進めたもので、その自由競争原理は、地球環境問題などを無視した弱肉強食の強者の論理で、永続する人類の生存の原理にはならない。今からでもまわりの条件に受動的な科学技術関係者が、地球環境破壊でこのままでは人類が破滅するこを理解して、能動的にその要因を排除すれば十分可能なことで、まず現状の利益追求の奴隷から、営利を目的にしないボランティア精神で、経済グローバルスタンダードを駆逐し、預金と投資、投資家とギャンブラーとを区別して、世界人類の社会生活に貢献するに限定した金融システムに改めればよい。

　現在の改革の障害は、みんなが了解している自由主義、民主主義、人権などの誤解が問題であって、これらの言葉の意味は、それに関連する時代環境によって大きく違い、そのときの環境状況によって、適切な調和の取れた解釈が必要である。奴隷制度改革時代の自由と自由化が一般化した環境では、それらを主張する内容は、奴隷解放時代の自由化と衣食が豊かで、我がまま奔放時代の自由化との違いがある。豊かな人間社会の個人の自由には、社会秩序維持のための公共的な適切な自律が必要で、どのようにすれば人間社会に争いのない自由化が

維持できるかが、人間社会のシステム工学の課題である。

10-6　科学技術への期待の変化

　20世紀になって発達した科学技術は、第3章のビデオ要約記事の"20世紀をつくった科学技術"（P55参照）のように人間の夢が次々に実現している面もあるが、第1章1-6の"科学の発展が環境破壊の根源"（P24参照）や科学図書⑧の"科学が人類につきつけた最後通牒"（P5参照）の暗い面をも科学技術者が的確に理解して、能動的にこの地球の危機に対応する責務がある。

　日本の明治維新の大日本帝国憲法と戦争無条件降伏後のＧＨＱによる、戦犯・公職追放・財閥解体・農地解放・労働組合・財産税、貯金封鎖・憲法改正など、この約100年に、2回の大革命を経験しており、第7章ビデオ"日本株式会社の昭和史"の「宮崎機関の構想」（P128参照）やソ連の5ヵ年工業化計画、ヒトラーの国家社会主義は、戦争のため崩壊したが戦時体制の政治経済としては極めて、短期間に効率的な実績を残している。

　現在の地球環境問題は、科学の暴走、資源の枯渇、誤れる民主主義、過剰な自由思想、競争原理の自由経済、過剰な人権擁護などが、複雑化して大混乱を起こしているもので、現状の自己増殖のコントロールのできない科学技術を、本来の人類の幸せを具現する科学技術に、改善・単純化・整理することにより、人類の英知が21世紀以降の地球環境問題に適応できるよう、システム工学の理念で文化人などの協力をえて、冷戦終結後の3回目の世界大革命が必要で、現状の荒廃している社会システム、人心改革の世界大革命の啓蒙が期待される。

おわりに

(1) タイトルのまとめ

本書のタイトルは『21世紀のシステム工学』であって"20世紀を繁栄させた科学技術が、21世紀を破滅させる科学技術の自己増殖の暴走を食い止め、地球人類の破滅を防ぐ知恵が必要"であって、利潤追求の自由経済の奴隷となって、21世紀には地球人類の破滅に発展する可能性があるので、21世紀には地球環境無視の自由競争原理の経済思想を、システム工学の理念によって世界から駆逐する啓蒙運動が必要になった。

その問題点を体系的に説明するために、地球環境の問題、人間に期待する頭脳、科学技術の起源、20世紀の科学技術、電力技術システム、20世紀の国際政治、20世紀の自由経済、ボランティアの発展、システム工学の発達、人間社会のシステム工学、科学技術への期待の変化と、庶民の感覚で地球人の生存の危機感とその対応を論述している。

その印象的な特異事項を論述体系に沿って、各章のポイント項目を列挙すると、

- 1-5　多数決主義と科学技術　　1-6　科学の発展が環境破壊の根源
- 2-2　人間の頭脳の特徴　　　　2-6　人間に期待する頭脳
- 3-2　科学技術の起源　　　　　3-4　コンピュータ技術の弊害
- 4-1　電気現象解析の複素数計算
- 4-1　電気・電子の学問的不整合
- 5-1　21世紀のエネルギー　　　5-2　原子力発電の役割と問題点
- 6-1　電気工学と電子工学の現状
- 6-7　大学入試と中・高校一貫教育
- 7-23　世界経済の混迷　　　　　7-30　21世紀に課せられた問題
- 8-6　金融界の大革命　　　　　8-11　ＥＵの経済政策
- 9-1　市民活動・ボランティア　9-2　(4) 日本のＮＧＯ

10-5　人間社会のシステム工学
　　10-6　科学技術への期待の変化
以上のとおりである。

(2)　ネットワーク知識に関連した要素

　人の頭脳ネットワークは、人生経験の中で強烈な印象の積み重ねで形成されるので、本書のタイトルの『21世紀のシステム工学』の発想の経緯を、年代順に紹介して頭脳ネットワーク形成の理解に供する。

① 　冷戦の搭乗員時代

　1942年（昭和17年）、米英から冷戦の初戦の性能が恐れられていた頃、飛行機に憧れて海軍の飛行練習生に志願し、佐世保での1週間の特性検査の付添班長から、連合艦隊主力の壊滅を知らされた。1943年（昭和18年）岩国航空隊に入隊し、山本連合艦隊司令長官戦死の報道を聞いて、操縦・偵察・兵器の区分の操縦に決まり、短期養成で九州の出水、海南島南端の三亜空の冷戦操縦練習生を経て、1944年（昭和19年）6月にその飛行場の練成部隊の254空の配属になった。

　内地では、飛行訓練もガソリン不足で不十分であったが、254空ではガソリン豊富で、黎明・昼間・薄暮と1日3回の猛飛行訓練を行っていたが、夜は毎日のように敵機の偵察機が飛来して、隣の艦船停泊港に輸送船が入港するとB25などの敵機が飛来して、飛行訓練の傍らこれを迎撃するようになった。単座の戦闘機では、1番機の指示は飛行機のバンクや指先の合図であるから、日常生活でも人の動作で次の行動を予測する躾が厳しかった。この頃の猛訓練が一生身について、人の無関心が目につくようになった。

　また、日本の錬成部隊では、士官・兵曹・兵との区別のない訓練のため、操縦の技量は、軍隊の階級に関係なく、飛行編隊を組んだ時は組織の階級に応じているが、戦闘時の搭乗員の実力は、各人の搭乗時間や経験で決まった。内地に帰って実際の戦闘で敵の発見を1番機に

合図しても応答なしと、1番機を無視して編隊をくずし敵機を攻撃した。

この経験も"上司のお手並み拝見"と客観的な態度になり、年功序列の上司を無視した行動をしたり、会社を批判したりしてきたが、ブラックリストに載っていても、左遷されずに学歴別の年功序列の中で、常に技術的業務には主導的な立場で活動できたと思う。

② 郷里の三池炭鉱の歴史

三池炭鉱の炭層は、山側から遠浅の有明海の海底に延びており、昔の湿地帯が陸地となった土地で、山の麓に人穴や貝塚も残っており、江戸時代の石炭発見の場所に焼石山の地名が残っている。その山の麓には廃坑があり、戦前は地下数mでも採掘されていた。その発見の地に明治初期に三井財閥が炭鉱とその積出築港を始め、石炭ガスを中心とするコンビナートを形成し、昭和初期には大牟田市の地下数百mの炭層を採掘し、地上では7階建ての大きな化学工場棟が2棟も聳えていた。

戦後は石炭の傾斜生産政策によって近代化が図られ、1949年（昭和24年）には天皇巡幸で坑内現場で激励されているが、その4年後には不況合理化となっている。時代は石炭から石油へとの変換に労働組合が抵抗していた。1960年（昭和35年）1月、三井鉱山は全国6ヵ所の鉱山で4,500人、そのうち三池では2,400人の整理案で、国会の安保闘争と並行した総労働と総資本の闘いと言われた、世界でも有名な三池炭鉱争議が起きた。会社側のロックアウトに対する無期ストに発展して、3月17日に新組合結成で会社に出勤する新組合に、スト破り阻止の労働組合員と会社側の暴力団との乱闘で、労働組合が出炭場を占拠して炭鉱操業の阻止は続いた。

安保闘争も国会通過で終結し、内閣も岸内閣から池田内閣に変わり、新内閣は中央労働委員会の調停を指示したが、それを労働組合が拒否して強制排除執行の7月21日には、警察機動隊 10,000人、労働組合員

20,000人が対峙したが、中央労働委員会のほぼ資本側意見の調停案でストを中止した。

その後の経営合理化で1963年（昭和38年）11月に、天皇巡幸の斜坑で炭車が暴走して、炭塵爆発、坑内火災で、数千人の死傷者を出した。最近の情報でも1,000人に近い酸欠後遺症患者とその家族が苦しんでいるという。

全国の石炭は、鉱山事故と経営不振で輸入石炭に変わってしまった。その50年の歴史をニュース映像や新聞報道で注目してきた。この郷里の衰退の情報から受けた理念は、資本主義における労働組合法は、労働者の団結権やスト権は本質的な解決にはならず、労使協調して常にその企業・産業の将来性を模索して、先進的な改革を進めることであった。

③　新しい会社のエネルギー

三池石炭コンビナートの一環として、昭和の初期に、ドイツからのアンモニア製造技術導入によって肥料工場が建設された。当時、三池窒素と東洋高圧と別々の会社として設立したが、実質は一つの工場で、大型の電気設備はアメリカ系の東芝製とドイツ系の富士電機製で2分されていた。戦前中は、硫安と爆薬原料の硝酸製造の国策工場で、他の会社は12時間労働2交替制であったが、東洋高圧は9時間労働3交替制の近代工場であった。

戦後は、戦災と設備の老朽化・資材不足中で、食糧増産の硫安製造に無我夢中であったが、その時代の多発する事故と、その対応の慣れの経験は、その後の建設計画の基本理念に大きく影響している。

1955年（昭和30年）に天然ガス会社を買収して、天然ガスによるメタノール製造と自社開発の尿素製造ために、千葉県茂原地区と新潟市地区に進出した。当時、製造プロセスは近代化されていたが、建設計画の経験者が少なく試行錯誤であったが、第1期建設・倍増建設・倍々増建設と3回経験を繰り返すと、当初、メーカー仕様に疑問を投

掛ける程度が、3回目には技術の進歩と運転経験からメーカーを指導し、電力会社の実態の把握や建設計画と為替レート・インフレ率などの関係に疑問を抱くようになった。しかし、国産原料で尿素を国内肥料の半値のダンピング輸出で外貨を稼ぎ、日本の技術導入に貢献していると自負していた。

昭和40年代には、尿素製造が限界で遅れて石油化学進出することになった。満員電車に割り込むような石油化学コンビナート計画は何故かの質問に、当社の生きる道はこれしかないとの回答で、建設計画経験者としての役割を自覚したが、建設完了後の不況と将来を想定して次の人生を模索していた。

建設計画は、当社の社会的信用の高いうちに、経営難にあえぐ三井化学合併を前提に、両社からの社員出向の泉北石油化学建設本部で計画することになった。コンビナート計画の電気設備計画では、コンビナートの受配電計画担当は、配置計画・工事用電源計画・電力系統計画・機器仕様の標準化・建設費の按分・電力料金問題など、規模は小さいが電力会社業務の大部分を、ほぼ一人の受配電計画担当で処理する必要があり、建設計画に未経験者をバックアップしながら、建設計画を遂行運用する必要があった。

このコンビナート計画で、最長工期の自発先行計画で、発電機は増設考慮の容量でそのボイラは半分の計画のため、エチレンプラントのスタート時の蒸気量が容量不足で、緊急に低圧ボイラの仮設で計画工期が1ヵ月以上遅れた。

操業5年以上経過（退職後）して、自家発母線の避雷器の爆発でボイラが停止し、電気は自動で買電側に切り替え保安電力を確保したが、エチレンプラントの電気と蒸気のインターロックの設計洩れで、全ナフサ分解炉の加熱管の焼損事故で、操業復旧に1ヵ月以上を要しており、大阪石油化学の責任者全員が更迭される結果となっている。

この三井化学合併前の石油化学コンビナート計画で、最も感じたことは歴史の古い三井化学の課長クラスの職務内容と、東洋高圧の係長

クラスの職務内容が同程度の感覚で、三井化学の若い学卒は見習業務であったが、その同級生は三井石油化学プラントの担当者で本社からの厳しい指導に苦労していた。後に三井化学は東洋高圧と併合されて、三井高圧化学となり最近になって、最も新しい三井石油化学に併合されて、昔からの名称の三井化学という会社になっている。

④ 企業の社会的役割

東洋高圧は経営の近代化として、余剰工務部門を尿素製造技術を中心に、1960年（昭和35年）に東洋エンジニアリングを設立しているが、営業受注で利益を稼ぐエンジニアリング会社の元同僚は、全く違った感覚になった。化学工場設備の建設計画・保守運転管理の企業の経営者は、大企業の社会的役割が強調され、社員はそれに誇りを持っていた。

石油化学コンビナート計画が一段落した1972年（昭和47年）に、予定どおり電気専門の近畿電気工事に転職した。入社1～2年は工事会社業務の勉強と、大阪ＩＢＭビルのコンピュータ制御の研究開発のため現場工事を経験し、さらに自社ビルの建設に工事会社の特徴を発揮するため、ビルコンピュータ制御を目玉に施主の立場で関与し、竣工後は、運転指導と新ビルの見学者の案内説明役も担当した。

その後は、社員の技術教育・技報の編集・技術 100番・客先問題の技術コンサルタントを担当することになった。国内の各地に散在する支社・支店、営業所からの技術情報の収集は、大企業の工事会社ゆえにできた貴重な経験であった。

しかし、企業の社会的役割を強調されて育った者が、『企業の目的は利益追求にあり』との感覚の違いで、監督者として失格と評価される行為が、優秀な監督者と評価さる雰囲気の違いに苦労したが、企業に必要な技術が理解されて、退職後も技術コンサルタントとして、技術士受験指導や客先コンサルタントなどの技術士契約を十数年も続けた。

その間の経済の異常を指摘する経済学者の発言もなく、皆が専門馬鹿であると気づき電力システムのシステム技術の発展として、技術士受験指導として、政治経済の知識を取り上げているが、これらの人々はこれを受け入れる余裕がなく、地球環境のエコロジー限界を危惧して、今回の『21世紀のシステム工学』の出版になった。

(3) 21世紀に求められる知識

本書のマクロ的な基本の要点は、現状の人間活動を続けると21世紀には、地球環境の自然界の限界を超越する状態になっているが、関係ある分野の人々の意見が民主主義のため、少数意見とし顧みられず、若者たちの躍動的な感覚に訴える華々しい映像のテレビコマーシャルで、その雰囲気を増長荒廃させており、世界の政治経済は大混乱して、将来の重要な課題は先送りされているが、第1章のビデオ要約記事の『ドイツ・環境産業革命』（P38参照）は、総論賛成・各論反対の社会環境の中で、ドイツ民族の着実な環境対策の先駆性は、同じ敗戦国として大いに敬服、見習うべきことである。

現在は高度情報化とはいうが、ビデオ要約で紹介のものでも省略して、気に懸かる細かい内容は、マスコミ性が無くそれは庶民にとっては不可能なことである。しかし、最近の明るい傾向として、人間社会のシステム工学やボランティア超国家ネットワークなどの発展がある。今後も無統制にますます複雑化する傾向にあり、これを解決するヒントは過去の総力戦体制の経験があり、新しい人間社会システム運用には、その目的を変えた人類共生のための、公共的な基本ルールの民主主義を捨てた総力体制のために単純化が絶対必要であり、倫理的な抽象化した単純明快な法律を制定して、現在の複雑で争いの多い不十分な法体系を新法体系へと徐々に移行する21世紀の世界革命の理念を提言とする。

> **付　録**　電気学会誌　電力・エネルギー部門　投稿論文（要約）

配電系統における高調波挙動の解析法とその問題点の処理法

キーワード：高調波電圧分布、高調波拡大・吸収現象、機器の高調波特性

1. まえがき

　高調波抑制対策技術指針の高調波流出抑制の考え方によれば、需要家の高調波発生機器から系統に流出する分だけを実測で求めることは現状の技術では困難であり、高調波電流抑制の場合、設備条件が同一であれば高調波電流の流出上限値は同じであり、公平性が保てるとして、新設の設備のみを対象にしているので、現在の既設を含んだ系統全体の高調波抑制には効果の少ない指針となっている。

　さらに付録の海外調査報告概要でも、各国の配電系統の違いがあって、適切な高調波挙動の解析法は確立していないので、電気供給設備のシステム技術の手法を配電系統の高調波現象に適用して、高圧需要家の90％以上を占める、高圧受電設備指針に準拠の直列リアクトル（ＳＲ）なしコンデンサ（ＳＣ）の高調波拡大現象の挙動などを解析して、高調波公害問題の根源を指摘し、その処理方法を提言する投稿原稿の要約である。

2. 配電系統の高調波現象解析の基礎知識

　電力系統における高調波現象は、電源は正弦波でも半導体素子の電流断続による電路電圧降下が高調波電圧の発生であって、その高調波電圧による電力系統の高調波挙動の解析が基本である。

　樹枝状構成の配電系統では、系統末端の負荷設備から電源に向かっ

て流出した高調波電流は、各変圧器ごとに集まり各需要家ごとに統合されて、電力会社の複数の配電幹線経由で、配電用変圧器（配変）に負荷側の全ての高調波流出電流が集中する構成になっている。

配電系統における高調波電圧の分布は、系統全体の高調波現象の実態を現すので、高調波現象の解析には高調波電流発生源の性質のほか、配電系統の変圧器や配電線のリアクタンスの影響と、高調波吸収・拡大に関与する電気機器の高調波特性の確認が必要である。

複雑な電力系統には電路に変圧器が介在しているため、同一の電力であっても変圧器の一次側と二次側では、電圧・電流の値は同一でないので、線路のインピーダンス（Ω）を一定の基準容量P_B（kVA）の電流が流れた場合の電圧降下率（％）で、表現する％インピーダンス法を採用する。

基本波の％インピーダンス法での電圧降下計算式を負荷電力（kVA）Pで表すと、

インピーダンス（Ω）：$Z = R + jX$ ………………… (1)
％インピーダンス（％）：$\%Z = (R + jX) \times P_B / 10 E_B^2$ … (2)
負荷電力（kVA）：$P = P(\cos\theta - j\sin\theta)$ ……………… (3)
電圧降下率（％）：$\varepsilon = P(\%R\cos\theta + \%X\sin\theta) / P_B$ … (4)

この％インピーダンス法の特徴をまとめると、

① 変圧器の一次側と二次側とでは、受電変圧器の二次側から見た一次側の％インピーダンスは、(2) 式に示すように線路電圧の自乗に逆比例するので、変圧器のインピーダンスに比べて誤差の範囲で省略できる。

② 高調波電流による配電線路の電圧降下は、各負荷機器からなどの高調波流出電流による電圧降下率の計算は、(4) 式に示すようにP/P_Bであるから、個々の高調波電流発生源からの流出電流の影響は無視できるほどに小さくなる。

③ 変圧器には高調波流出電流の全てが集積されるので、二次側母線の高調波電圧は比較的大きく現れる。

ＳＣの高調波特性は、インピーダンスの形では表現し難いので、インピーダンスの抵抗分を省略して、ＳＲ付ＳＣとＳＲなしＳＣのリアクタンスの逆数を、単位法で表現すると高調波電圧と高調波電流の関係は、Ｉ＝Ｙ・Ｖの関係であるからＳＲ・ＳＣの高調波特性をＳＣ容量＝１としてZ_{na}の逆数のアドミタンスY_{na}を(5)式で求めると、

$$Y_{na} = I_{na}/V_{na} = 1/\{n\alpha - (1/n)\} \quad \cdots\cdots(5)$$

　　　　ｎ：高調波次数　　　α：ＳＲの容量比

で、ＳＲ・ＳＣの第3調波、第5調波、第7調波の計算値は表1のとおりになる。

表1　アドミタンスY_{na}の計算値

n	α : Y	α : Y	α : Y
3	0 : +j3	0.06 : +j 6.5	0.13 : -j5.7
5	0 : +j5	0.06 : -j10.0	0.13 : -j2.2
7	0 : +j7	0.06 : -j 3.5	0.13 : -j1.3

第5調波：５６％：0.06を□$_{56}$と表現すると、

$I_{56} = Y_{56} \times V_{56}$の関係から、$Y_{56} = -j10$で、これは高調波電圧1％に対して、ＳＣの定格電流の10％ということで、10倍の吸収率といえる。同じく$I_{50} = +j5$でＳＲなしＳＣは5倍の拡大率になる。

同様に表1の計算値をｎを1～11にに拡大して、ＳＲの有・なしの高調波特性として、Y_{n3}、Y_{n5}、Y_{n7}、を図示すると、図1のようになる。

さらに、同じような表現法で誘導電動機の第5調波特性は、ほぼ始動電流になるので、定格出力の5～8倍になるので、これをアドミッタンスで表すと、$Y_{5M} = -j5\sim8$で約7倍の吸収率となる。

高調波電圧に対して、これらの吸収要素と拡大要素の性質の違いを概念的に説明すると、

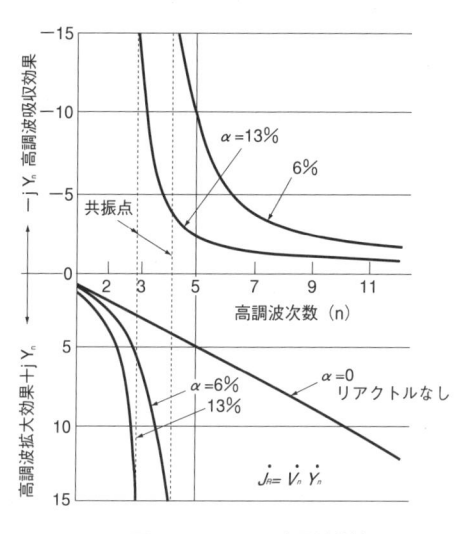

図1 SR・SCの高調波特性

① 吸収要素：ＳＲ付ＳＣや誘導電動機などの吸収要素は過剰であっても、高調波電圧が適切に自己平衡し、高調波電流を吸収して変圧器一次側からの流出電流は小さくなるが、高調波電圧に対して吸収要素が不足すると、自己平衡不足でＳＲ付ＳＣは過負荷になる。

② 拡大要素：ＳＲなしＳＣの拡大要素は自己平衡がなく増幅性であるので、その母線の高調波電圧を累昇するように働く。

高圧受電設備指針のＳＣ設備は、受電変圧器の一次側に制御装置なしで、設置されているので電力会社の配変の二次側に属する。したがって、ＳＲ付ＳＣの吸収効果は自己平衡の容量不足で過負荷の可能性があり、ＳＲなしＳＣが多量にあると、拡大効果が累積されて配変二次の高調波電圧は過昇する。

全波整流器などから発生する、高調波の大きさの順序は第3次、第5次、第7次、となっているが、電力系統における第3調波の性質として、三相回路の△構成部分で相殺するので、配電系統に現れる高調波の大

きさの順序は、第5次、第3次、第7次、の順となっている。

配電系統における高調波電圧含有率の高い時間帯は、電力需要の大きさに直接関係なく、1日および休日のテレビ視聴率の変動に相似していると発表されており、その時間帯に過密都市では高調波電流吸収効果の大きいSR付SCの過負荷障害が最近まで頻発していた。

その要因は、個々のSRなしSCの拡大率はSR付SCの吸収率の5/10＝1/2の大きさであるから障害に至らず、高調波障害抑制ためのSR付SCが、過電流強度を超えて過負荷焼損するという配電系統の公害現象となった。

3. 配電系統における高調波現象の事例

配電系統の高調波障害防止対策は、1979年（昭和54年）頃より電気協同研究会で調査研究されているが、高調波発生源を定電流源として取り扱い、問題の過密都市の異常現象は配電線との共振現象よると発表されている。

しかし、1995年（平成7年）に都心部と住宅地へ供給する変電所母線の高調波電圧・電流値の実測データを北海道電力から入手した。高圧需要家の多い都心部と高圧需要家の少ない住宅地の高調波電圧の挙動の違いが明確に判る貴重なデータで、住宅地のデータが図2で主たる負荷は家電機器のようで、高調波電流・電圧の傾向はほぼ基本波に比例して、最大の高調波電圧含有率は2.8％である。都心部のデータが図3で高圧需要家が多く前記の「ＴＶ視聴率の変動」と同じ傾向であるが、図3を細かく観察すると負荷の多い10:00～20:00の時刻では、変圧器の一次側と二次側の高調波電圧含有率の差が見られない。このことは電動機などの高調波吸収効果の影響が非常に大きく、一次側の高調波電圧で二次側の高調波電流の全てを吸収していると考えられ、その反面、電動機などの高調波吸収効果が無くなった時点では、高調波電圧含有率は4.4％になっており、これは明確に電動機などの吸収要素が無くなった時の、SRなしSCの拡大現象と判断できる。

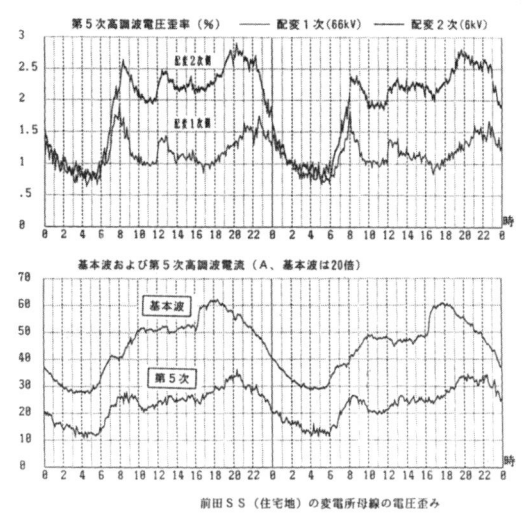

図2　住宅地の配変二次の測定データ

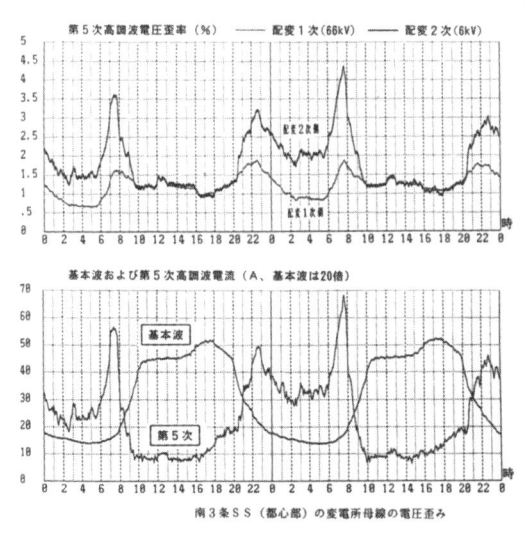

図3　都心部の配変二次の測定データ

付録　195

4. あとがき

配電系統の高調波障害防止対策は、1979年（昭和54年）頃より電気協同研究会で調査研究されているが、"高調波電圧による電力系統の影響が高調波現象である"の発想はなく、高調波分布の計算理論方法は高調波発生源を定電流源として取り扱い、配電系統は形態が非常に複雑であるので、電子計算機を利用した計算データと実測データとの相関性の検証を一部の配電線に行い、配電系統の高調波に対する特性を定性的に把握したと報告されているが、問題の過密都市の異常現象は、吸収要素が無くなった時のＳＲなしＳＣの現象を、配電線との共振現象であるの研究報告になっている。

このような事情に対応して、電気応用機器や電子応用機器に電気エネルギーを供給する電気供給設備のシステム技術は、電気系統をマクロ的に捉らえて最適化を図る技術で、配電系統の限られた技術情報のもとで、配電系統の高調波の公害現象の実態を解析し、その実務にかかわる諸問題までも提言している。

1995年（平成7年）の電気事業法の大改正で、電気設備や電気使用場所の細かい規定の遵守規定が削除された「新技術基準」は、保安上必要な性能だけの規定で、当該性能を実現するための具体的な手段・方法などは、施設者の自主的な判断に委ねることになっているが、それは電気現象の正確な理解が前提である。

最近の科学技術は急速に拡張発展し、専門分野もミクロ的に多様化して、自分の狭い分野の高級な電気現象に精通する傾向になり、数十年前の人々が研究開発した、電気現象論が的確に伝承されずに、実務に必要な現象論を無視した法規遵守の技能化の風潮が一般化しており、新しく発生する諸現象に対応する創造的な姿勢が必要である。

今後の問題は、各電力会社で過密都市の異常高調波現象の実測データの解析によって、公害問題の要因がＳＲなしＳＣであると実証され、その対策の一般化を期待する。

(平成12年1月19日寄稿受付・平成12年6月14日査定掲載不可)

追 記

　2000年（平成12年）電気学会全国大会で3月24日に発表された電力・エネルギー部門に、下記のような論文が中部電力と東京電力から発表されていたので、講演予稿を入手して調べたが、従来からの高調波特性に対する考え方と同様で、現象解析の手法がわからないためか、北海道電力の配電用変電所の測定データと、違った測定方法のため高調波現象の理解がますます混乱しているようである。本文で例示している北海道電力は測定法は、適切であるがそのデータの解析が不適当で、「共振による電圧ひずみの拡大」と説明されいてるが、それでは、昼間データの高調波電流の吸収現象は説明できない。

　全国大会発表の論文タイトル

　　6-117　配電用変電所の高調波特性の実測結果(2) ……（中部電力）
　　6-118　定常時実測データを活用した系統高調波特性分析システム
　　　　　の基本機能の検討………（東京電力）

【著者略歴】

弓削　太一（ゆげ たいち）

1926年　福岡県大牟田市に生まれる。
1943年　海軍飛行練習生に入隊
1945年　東洋高圧工業㈱大牟田工業へ入社
1957年　　同　社　　千葉工業所へ転勤
1967年　三井泉北石油化学工場建設本部へ出向
1968年　三井泉北石油化学㈱泉北工業所が設立
1973年　近畿電気工事㈱へ転職
1974年　　同　社　　（電気部門）社内技術士
1986年　自営独立（電気・電子部門）技術士

21世紀のシステム工学

2000年12月1日　初版第1刷発行

著　者　弓削　太一
発行者　瓜谷　綱延
発行所　株式会社文芸社
　　　　〒112-0004 東京都文京区後楽2−23−12
　　　　電話　03-3814-1177（代表）
　　　　　　　03-3814-2455（営業）
　　　　振替　00190-8-728265
印刷所　株式会社フクイン

© Taichi Yuge 2000 Printed in Japan
乱丁・落丁本はお取り替えいたします。
ISBN4-8355-1046-1 C0095